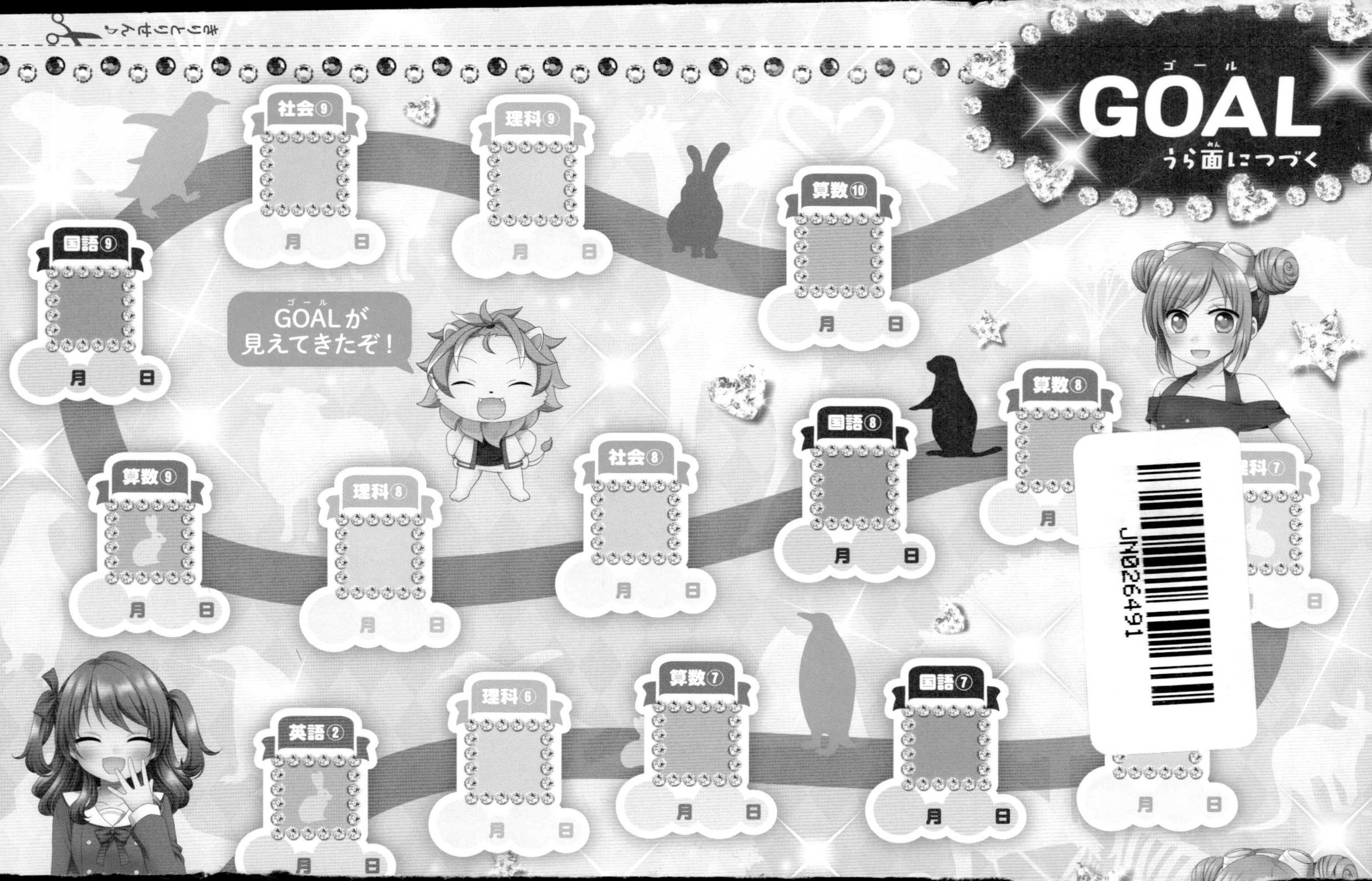

きりとりせん♪
GOAL
うら面につづく
国語⑨
月 日
社会⑨
月 日
理科⑨
月 日
算数⑩
月 日
GOALが見えてきたぞ！
算数⑨
月 日
理科⑧
月 日
社会⑧
月 日
国語⑧
月 日
算数⑧
月
理科⑦
日
英語②
月 日
理科⑥
月 日
算数⑦
月 日
国語⑦
月 日
月 日

きりとりせん
ゴール
GOAL
よくがんばったな。
チェックテスト
月 日
社会⑲
月 日
算数⑲
月 日
理科⑱
月 日
英語⑤
月 日
社会⑱
月 日
算数⑰
月 日
国語⑰
月 日
社会⑰
月 日
理科⑰
月 日
算数⑱
月 日
理科⑯
月 日
社会⑯
月 日
国語⑯
月 日
算数⑯
月 日
理科⑮
月 日

お勉強チェックシートの使い方

この本の最初には、学習の進みぐあいがかくにんできるお勉強チェックシートがついているの。お勉強チェックシートは切りはなして使えるようになっているよ。

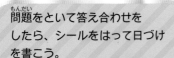

★お勉強チェックシート★

問題（もんだい）をといて答え合わせをしたら、シールをはって日づけを書こう。

教科（きょうか）によって色がちがうよ。

ここにシールをはってね。

ここに日づけを書いてね。

ここから始まるよ！

うら面（めん）にもあるよ。

教科の後ろについている番号は、単元番号（たんげんばんごう）を表しているよ。

新学習指導要領対応版

キラキラ☆おうちスタディブック 小3

☆英語 ◆算数 ♣理科 ♠社会 ♥国語

さいしょは
まずまずだな。
理科③
月　日
算数④
月　日
国語④
月　日
社会④
月　日
理科④
月　日
なれてきた
かな？
算数⑤
月　日
国語⑤
月　日
楽しくなって
きただろう？
社会⑤
月　日
理科⑤
月　日
算数⑥
月　日
ちゃんと
身(み)についているか？
国語⑥
月　日
社会⑥
月　日

理科⑫
月 日
その調子だ！
算数⑬
月 日
国語⑬
月 日
社会⑬
月 日
理科⑬
月 日
英語④
月 日
算数⑭
月 日
調子はどうだ？
国語⑭
月 日
社会⑭
月 日
理科⑭
月 日
算数⑮
月 日
国語⑮
月 日
GOALまで
あと少しだぞ！
社会⑮
月 日

学習の進みぐあいがかくにんできちゃう！
お勉強チェックシート
※各教科の番号は本の単元を表しているよ。
START
問題がとけたら
シールをはって
日づけを書こう♪
英語①
月 日
算数①
月 日
国語①
月 日
社会①
月 日
理科①
月 日
算数②
月 日
国語②
月 日
社会②
月 日
理科②
月 日
算数③
月 日
国語③
月 日
社会③
月 日

学習の進みぐあいがかくにんできちゃう！
お勉強チェックシート
※各教科の番号は本の単元を表しているよ。
START
問題がとけたらシールをはって日づけを書こう♪
国語⑩ 月 日
社会⑩ 月 日
理科⑩ 月 日
英語③ 月 日
算数⑪ 月 日
国語⑪ 月 日
コツコツやろう！
社会⑪ 月 日
理科⑪ 月 日
算数⑫ 月 日
国語⑫ 月 日
社会⑫ 月 日

登場人物紹介

如月（きさらぎ） かぐや

ニックネーム＊カグヤ

聖ニコル学園に通う
女の子。
国語と社会がとくい。

しゅみ＊読書　すきなもの＊スイーツ♡

水無月（みなづき） 星羅（せいら）

ニックネーム＊セーラ

聖ニコル学園に通う
女の子。
算数と理科がとくい。

しゅみ＊天体観測（かんそく）　しょう来のゆめ＊宇宙飛行士（うちゅうひこうし）

聖ニコル学園の先生たち

聖ニコル学園の先生たちは，学校のそばの伝説の泉に落っこちちゃったせいで，いつもは動物のすがたなの。でも，ピンチになったら，人間のすがたになって助けてくれるよ。いっしょにがんばろうね！

英語：金子ウィリアム虹也 リアム先生

こわがらないで，
英語の世界に
おいで。

泉に落ちて…

特技　サーフィン
趣味　筋トレ

算数：村崎 カイト　カイト先生

泉に落ちて…

算数のことは，
オレに
まかせとけ。

特技　プログラミング
趣味　映画をみること

理科：緑川(みどりかわ) 陸(りく)　リク先生

理科の不思議(ふしぎ)な
世界にようこそ。

特技　料理
趣味　ハーブを育てること

社会：青柳(あおやぎ) 空太(そらた)　ソラ先生

社会って
おもしろいぞ！
がんばろうな。

特技　サッカー
趣味　焼肉屋さんめぐり

国語：赤羽(あかばね) 流星(りゅうせい)　リュウ先生

国語の楽しさ，
いっしょに学ぼう。

泉に落ちて…

特技　走ること
趣味　百人一首

この本の使い方（英語）

英語の授業(じゅぎょう)は楽しめているかな？ この本では、イラストを使って単語(たんご)を想像(そうぞう)しながら英語を勉強できるよ！ 学校で勉強する内容(ないよう)の予習・復習(ふくしゅう)にも役立つよ!!

1 おうちスタディのやり方

① アルファベットやそれぞれの単元で覚(おぼ)えてほしい単語を、イラストを使ってしょうかいしているよ。

② アルファベットや単語を覚えたら、練習問題をといてみよう！練習問題もふきだしでヒントを出しているから、わからなかったら、ふきだしを読もうね。

2 プチ休けい

教科の勉強が終わったら、プチ休けいしようね。「へえーそうなんだ」っていう話題(わだい)がのってるよ。

この本の使い方（算数・理科・社会・国語）

この本の特ちょうは、とにかくビジュアルが多いこと! イラスト、図表を使って、くわしく説明しているの。 また、1冊に学年1年分の学習内容がギュッとつまっているので、1年間の総復習にも役立つよ!!

1 おうちスタディのやり方

❶ まずは各単元のポイントを楽しい会話といっしょにかくにんしよう。

❷ たいせつマークのところはきちんと理解しようね。

❸ ポイントをおさえたら、練習問題をといてみよう! 練習問題もふきだしでヒントを出してるから、わからなかったら、ふきだしを読もうね。

❹ これだけはおさえて! では、なんと動物の先生がイケメン先生に姿を変えて登場!! たいせつなポイントを念押ししてくれるよ。

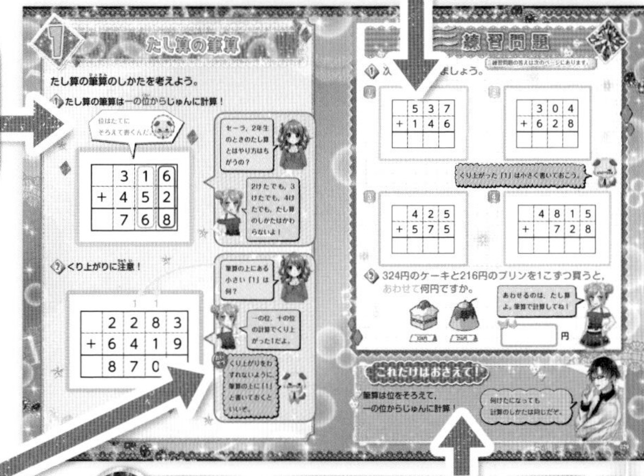

たし算の筆算
たし算の筆算のしかたを考えよう。
たし算の筆算は一の位からじゅんに計算！
位はたてにそろえて書くんだ
セーラ、2年生のときのたし算とはやり方もちがうの？
2けたでも、3けたでも、4けたでも、たし算のしかたはかわらないよ！
くり上がりに注意！
筆算の上にある小さい「1」は何？
一の位、十の位の計算でくり上がったしだよ。
くり上がりをわすれないように、筆算の上に「1」と書いておくといいよ。
練習問題
324円のケーキと216円のプリンを1こずつ買うと、あわせて何円ですか。
あわせるのは、たし算よ。筆算で計算してね！
くり上がった「1」は小さく書いておこう。
これだけはおさえて！
筆算は位をそろえて、一の位からじゅんに計算！
何けたになっても、計算のしかたは同じだぞ。

2 ポイントまとめ

教科の最後にはたいせつなポイントまとめがあるから、ちゃんと読んで理解しようね。

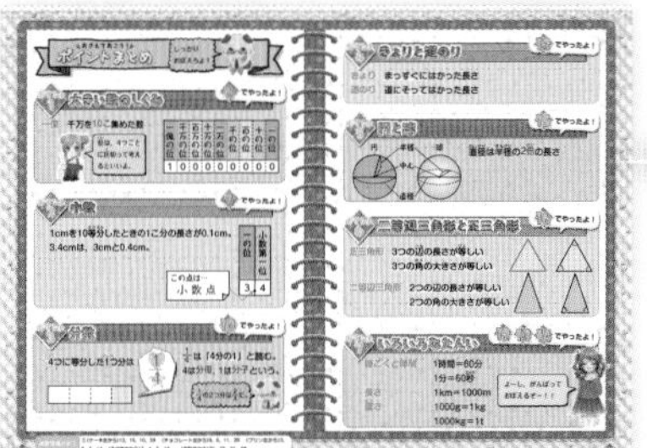

3 プチ休けい

教科の勉強が終わったら、プチ休けいしようね。「へえーそうなんだ」っていう話題がのってるよ。

CONTENTS もくじ

2時間目 算数 Mathematics

3時間目 理科 Science

4時間目 社会 Social Studies

5時間目 国語 Japanese

※国語は194ページからはじまるよ!

英語は
はじめてなんだろ？
色々教えてやるぜ。

1 アルファベット（大文字）

アルファベットには大文字と小文字がそれぞれ26文字ずつあるぞ。
まずは大文字をいっしょに勉強（べんきょう）しような。

第（だい）1線
第2線
第3線
第4線

エイ	ビー	スィー	ディー
A	B	C	D
イー	エフ	チー	エイチ
E	F	G	H
アイ	チェイ	ケイ	エル
I	J	K	L
エム	エン	オウ	ピー
M	N	O	P
キュー	アー	エス	ティー
Q	R	S	T
ユー	ヴィー	ダヴリュー	エックス
U	V	W	X
ワイ	ズィー		
Y	Z		

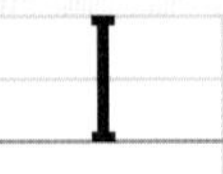

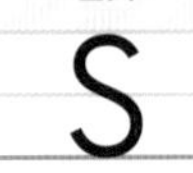

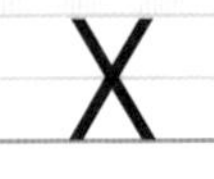
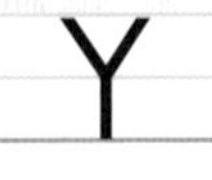

大文字は第1線から第3線までに書くのよ。

Let's TRY

練習問題

練習問題の答えは次のページにあります。

1 左と右のパズルを組み合わせてアルファベットができるように，合うものを線でむすびましょう。

(1)

ア

(2)

イ

(3)

ウ

2 絵の中にある，１つだけちがうアルファベットを○でかこみましょう。

(1)　(2)

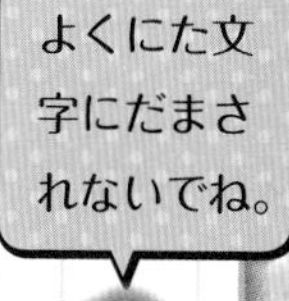

2 アルフアベット（小文字）

大文字の次(つぎ)は小文字を勉強(べんきょう)するぜ。
形がにているものもあるから，注意(ちゅうい)しろよ！

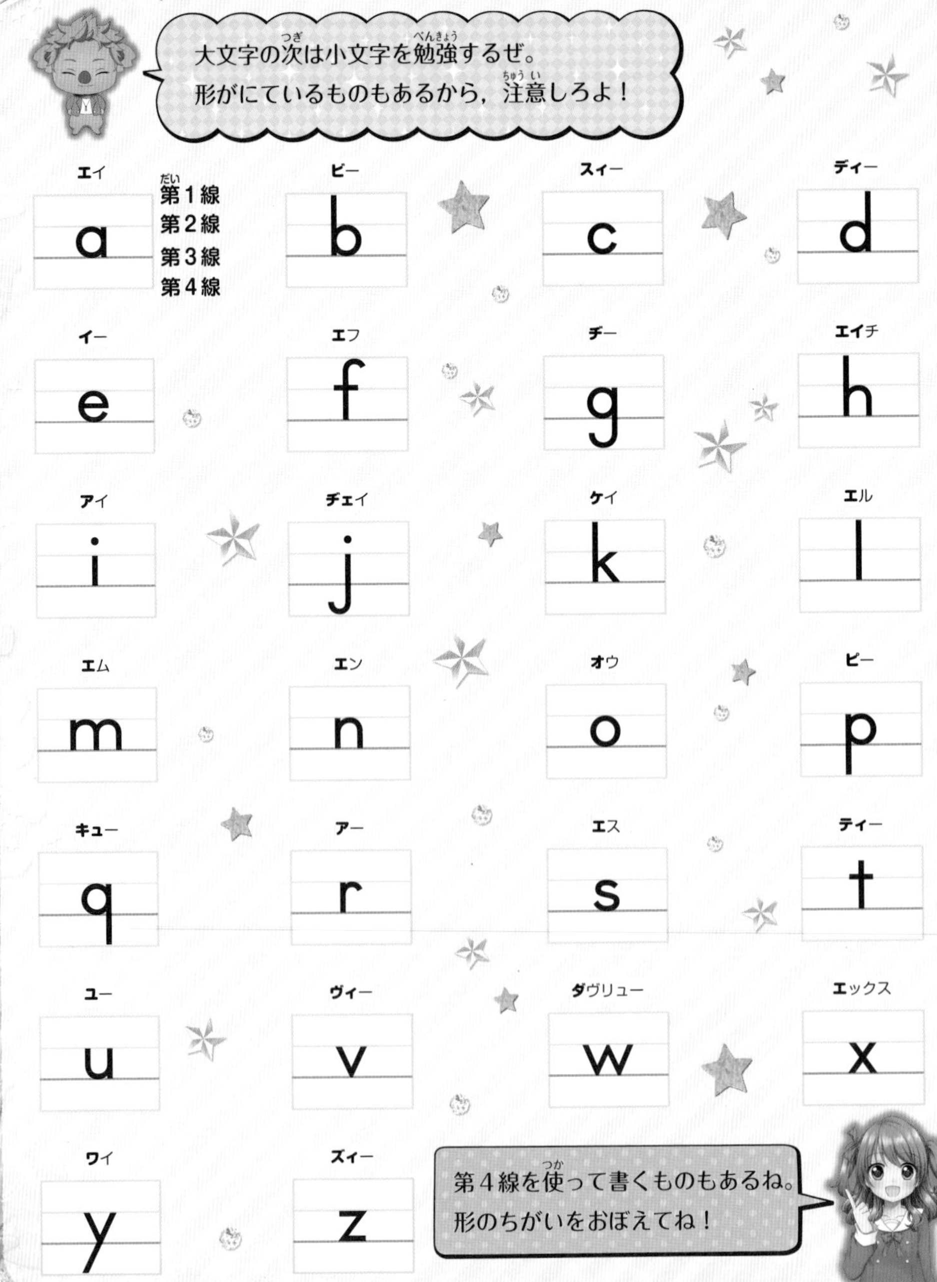

練習問題の答え　1(1)イ　(2)ウ　(3)ア　2(1)V　(2)L

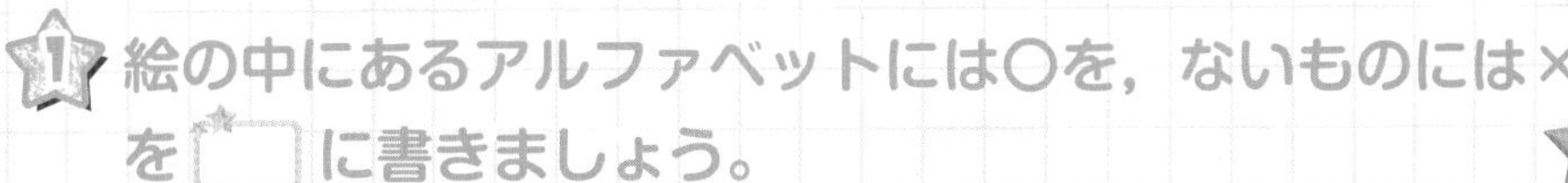

1 絵の中にあるアルファベットには○を，ないものには×を□に書きましょう。

(1) k □　(2) i □　(3) q □　(4) a □

2 アルファベットじゅんになるように，それぞれの★に入る文字を，あとのア～エから１つずつえらびましょう。

(1)

□

(2)

□

ア t　イ o　ウ f　エ p

3 動物

「動物（どうぶつ）」は英語（えいご）でanimal（アニムル）と言うんだぜ。

bear （ベア） クマ

cat （キャット） ネコ

dog （ド(ー)ダ） イヌ

elephant （エレファント） ゾウ

monkey （マンキ） サル

panda （パァンダ） パンダ

rabbit （ラァビット） ウサギ

sheep （シープ） ヒツジ

練習問題の答え　①(1)○　(2)×　(3)×　(4)○　②(1)ウ　(2)ア

Let's TRY 練習問題

1 絵に合うたん語を線でむすびましょう。

(1)

ア rabbit

(2)

イ bear

(3)

ウ sheep

2 絵の中にいる，(1)～(4)の動物の数をそれぞれ書きましょう。

(1) dog ______　(2) monkey ______

(3) panda ______　(4) elephant ______

4 色

「色」は英語(えいご)でcolor(カラ)と言うぞ。

ブルー
blue 青色

グリーン
green 緑色

オーレンヂ
orange オレンジ色

ピンク
pink ピンク色

パ～プル
purple むらさき色

レッド
red 赤色

イエロウ
yellow 黄色

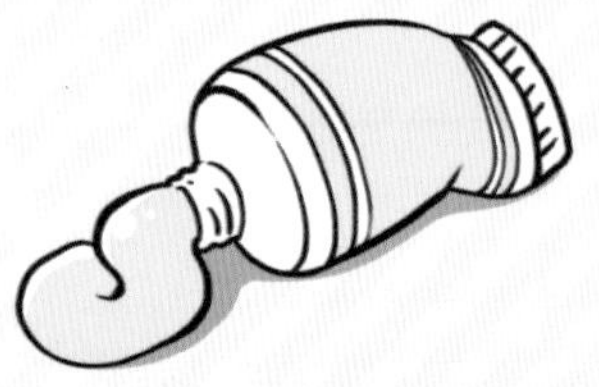

(ホ)ワイト
white 白色

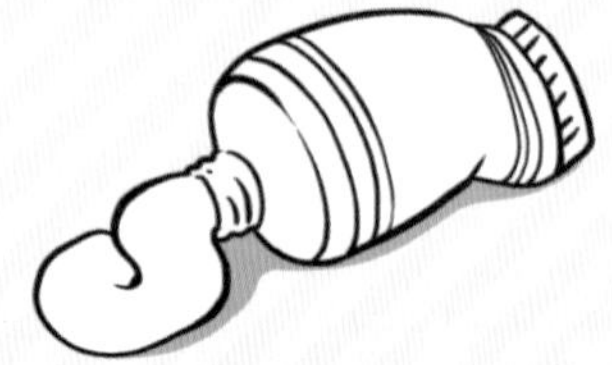

練習問題の答え　1(1)ウ　(2)ア　(3)イ　2(1)3　(2)6　(3)1　(4)2

Let's TRY 練習問題

1 絵の色とたん語の組み合わせが正しければ○を，ちがっていれば×を［　］に書きましょう。

2 絵の中にある，(1)～(4)の色を表(あらわ)すたん語を，あとのア～エから１つずつえらびましょう。

(1)［　］ (2)［　］ (3)［　］ (4)［　］

ア green　イ orange　ウ purple　エ red

5 体の部分

「体」は英語でbodyと言うぞ。

head 頭

ear 耳

eye 目

mouth 口

nose 鼻

shoulder かた

knee ひざ

toe つま先

練習問題の答え　①(1)×　(2)○　(3)○　(4)×　②(1)エ　(2)イ　(3)ア　(4)ウ

Let's TRY 練習問題

1 絵の中にある，(1)～(4)の体の部分を表すたん語を，あとのア～エから１つずつえらびましょう。

(1) ［　　　］　(2) ［　　　］

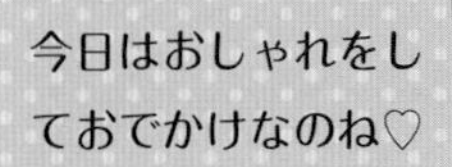

(3) ［　　　］　(4) ［　　　］

ア shoulder　 イ knee　 ウ ear　 エ head

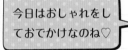

2 絵の女の子が指さしている部分として，正しいものを○でかこみましょう。

(1)

toe
nose

(2)

ear
eye

(3)

knee
mouth

チェックテスト【英語】

⇒答えと解説は P.196

1 アルファベットの大文字と小文字の組み合わせが正しければ○を，ちがっていれば×を □ に書きましょう。

ふく習P014,016

□(1) B b □

□(2) M n □

□(3) Q p □

□(4) R r □

2 ダンサーの服の中で，ある色には○を，ない色には×を □ に書きましょう。

ふく習P020

□(1) pink □

□(2) green □

□(3) red □

□(4) white □

練習問題の答え　1(1)ウ　(2)ア　(3)イ　(4)エ　2(1)toe　(2)eye　(3)mouth

3 くずれてしまったつみきを，体の上から下のじゅんになるように，次のア～オをならべましょう。

ふく習P022

4 日本語の意味を表すたん語を線でむすびましょう。

ふく習P018

(1) ウサギ　(2) ヒツジ　(3) ゾウ　(4) クマ

プチ体けい

形をさがしてみて♡

よく見る形，英語(えいご)で何と言うか，教えてやるよ。

ひし形
ダイアモンド
diamond

星形
スター
star

三角形
トゥライアングル
triangle

ハート形
ハート
heart

わ～！
とってもきれいね！

がっきの「トライアングル」は三角形という意味(いみ)なのね。

2
時間目
算数
Mathematics

いっしょに
がんばろー

1 たし算の筆算

たし算の筆算のしかたを考えよう。

① たし算の筆算は一の位からじゅんに計算！

	3	1	6
＋	4	5	2
	7	6	8

セーラ，2年生のときのたし算とはやり方はちがうの？

2けたでも，3けたでも，4けたでも，たし算のしかたはかわらないよ！

② くり上がりに注意！

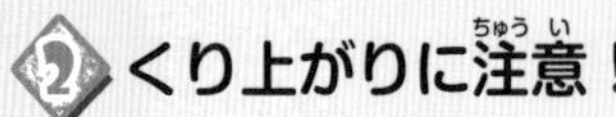

筆算の上にある小さい「1」は何？

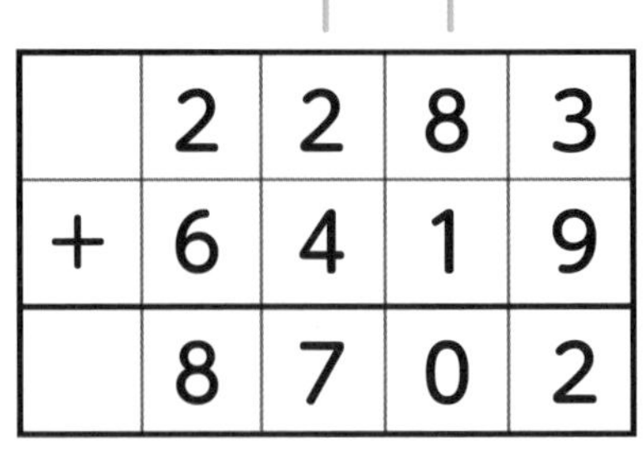

	1	1		
	2	2	8	3
＋	6	4	1	9
	8	7	0	2

たいせつ
くり上がりをわすれないように，筆算の上に「1」と書いておくといいぞ。

練習問題の答えは次のページにあります。

1 次の計算をしましょう。

(1)

	5	3	7
+	1	4	6

(2)

	3	0	4
+	6	2	8

くり上がった「1」は小さく書いておこう。

(3)

	4	2	5
+	5	7	5

(4)

	4	8	1	5
+		7	2	8

2 324円のケーキと216円のプリンを1こずつ買うと，あわせて何円ですか。

あわせるのは，たし算よ。筆算で計算してね！

円

これだけはおさえて！

筆算は位をそろえて，
一の位からじゅんに計算！

何けたになっても
計算のしかたは同じだぞ。

2 ひき算の筆算

ひき算の筆算のしかたを考えよう。

1 ひき算の筆算は一の位からじゅんに計算！

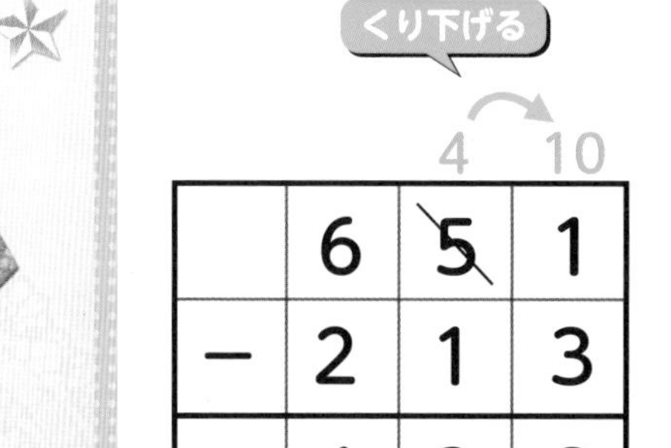

	6	~~5~~	1
−	2	1	3
	4	3	8

一の位の計算は…
1−3？
できないよー。

十の位からくり下げるんだ。一の位は，11−3＝8
十の位は，
4−1＝3だな。

カグヤ，3けたのひき算も，2けたのひき算と計算のしかたはかわらないからね。

2 くり下がりに注意！

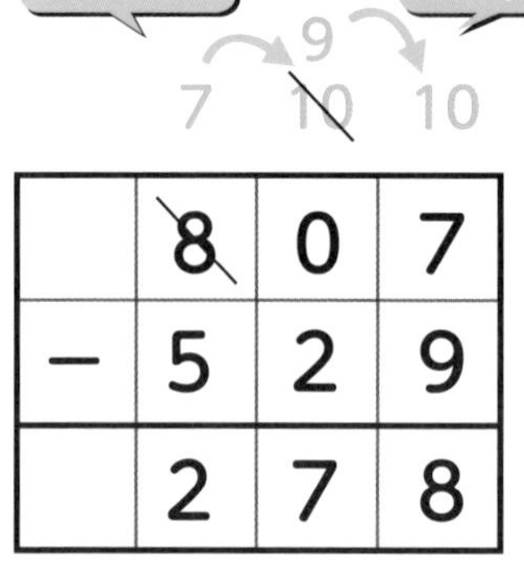

	~~8~~	0	7
−	5	2	9
	2	7	8

あれ？
十の位が0だから，くり下げられないよー。

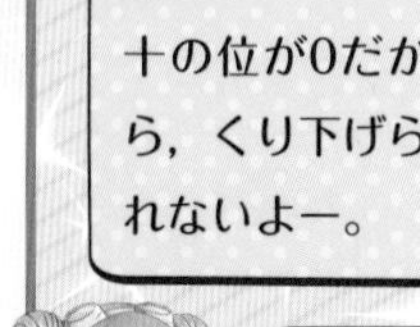

百の位から十の位に10くり下げて～。

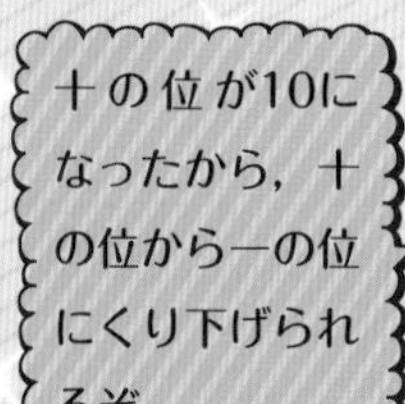

十の位が10になったから，十の位から一の位にくり下げられるぞ。

練習問題の答え　1(1)683　(2)932　(3)1000　(4)5543　2540

練習問題

1 次(つぎ)の計算をしましょう。

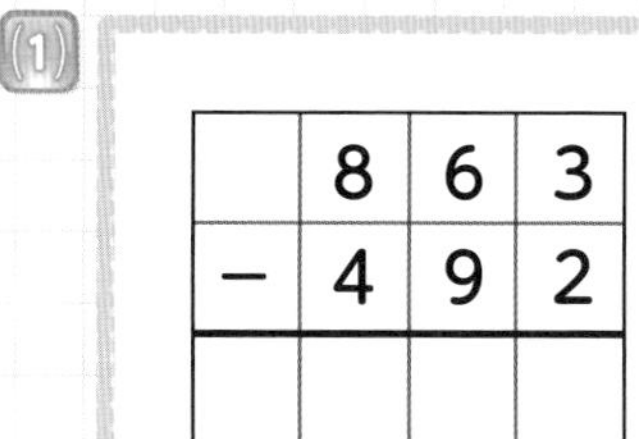

(1)

	8	6	3
−	4	9	2

(2)

	3	0	1
−	1	5	7

(3)

	2	0	6
−			9

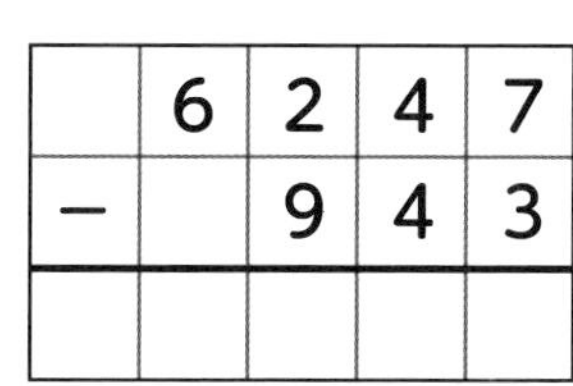

(4)

	6	2	4	7
−		9	4	3

あれ？どこの位からくり下げたかな…？
わかんなくなっちゃった！！！

くり下げた数には＼をかいて，
わすれないようにな。

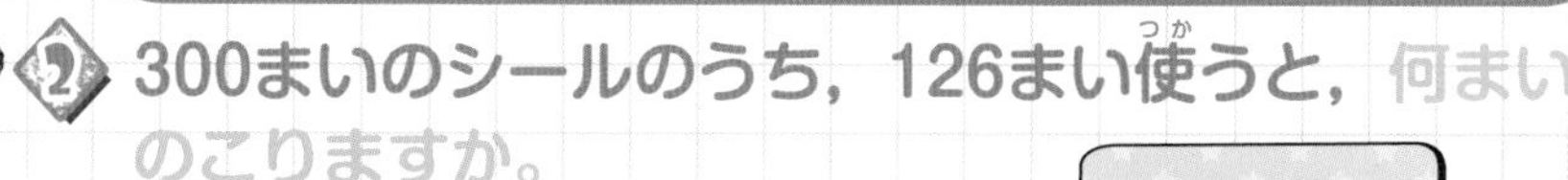

2 300まいのシールのうち，126まい使(つか)うと，何まいのこりますか。

「のこりはいくつ」をもとめるから，ひき算で計算ね。

□ まい

3 かけ算の筆算①

1けたの数をかけるかけ算の筆算のしかたを考えよう。

1 かけ算の筆算は一の位からじゅんに計算！

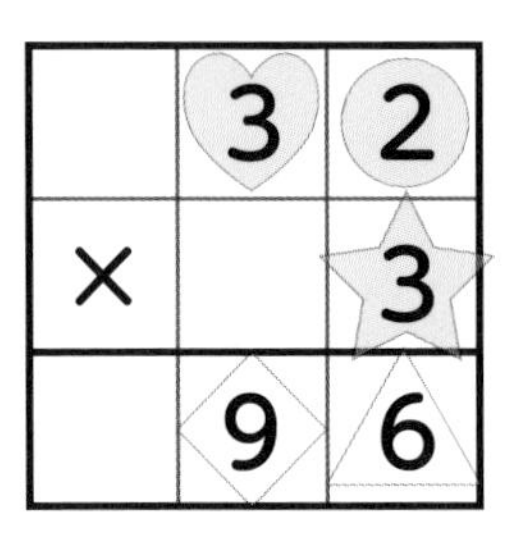

	3	2
×		3
	9	6

えーっと，
どうやって計算
しよう…。
カグヤ，まずは，
3×2=6
だよ。
次に，
3×3=9 だ。

2 くり上がりに注意！

	1	9	6
×			5
	9 (4)	8 (3)	0

一の位は，
5×6=30だよ。
どうしたらいいの？
一の位は0。
3は十の位に
くり上がるぞ。
十の位は，
5×9=45だから，
4を百の位にくり上げて。
十の位は，3+5=8。
百の位は5×1=5で
5+4=9！

Let's TRY 練習問題

1 次の計算をしましょう。

(1)

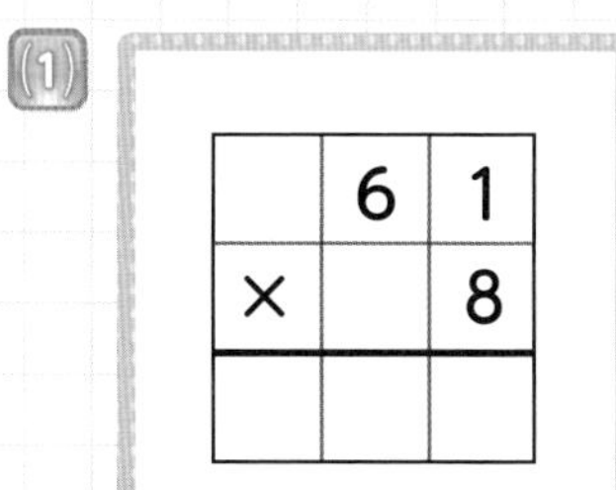

	6	1
×		8

(2)

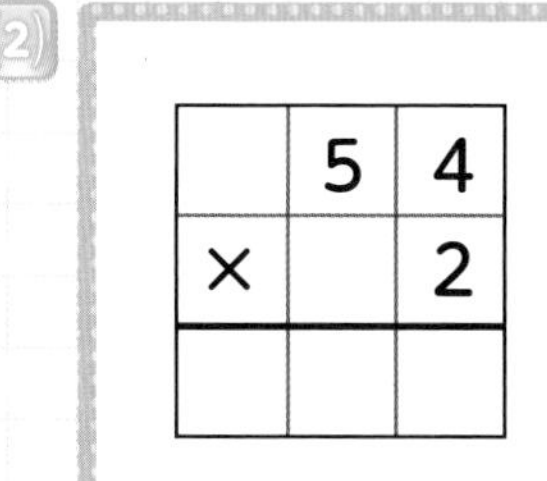

	5	4
×		2

百の位にくり上げたいけど，百の位の数がないからたせないよ？

くり上がった数を，百の位にそのまま書けばオーケーだ。

(3)

	4	7	8
×			2

(4)

	3	4	0
×			4

2 45円のチョコレートを9こ買うと，あわせて何円になりますか。

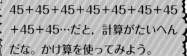

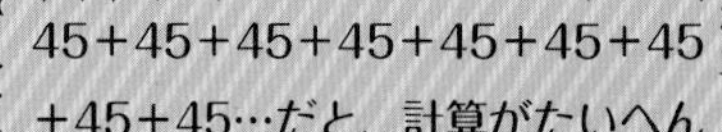

45+45+45+45+45+45+45+45+45…だと，計算がたいへんだな。かけ算を使ってみよう。

1こ　45円

円

4 かけ算の筆算②

2けたの数をかけるかけ算の筆算のしかたを考えよう。

1 2けたの数をかけるときも，一の位からじゅんに計算！

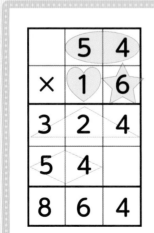

	5	4
×	1	6
3	2	4

	5	4
×	1	6
3	2	4
5	4	
8	6	4

セーラ，
どこから計算すればいい？
まずは，
6×54＝324
だよ。
次に，
1×54＝54 だな。
あれ～？
カイト先生，
54…左に
ずれてるよ？

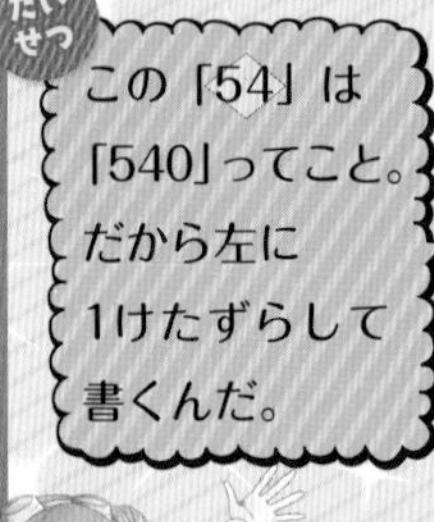

たいせつ
この「54」は
「540」ってこと。
だから左に
1けたずらして
書くんだ。

324＋540の
計算をして…，
はい，できた！

 練習問題の答え　1 (1)488　(2)108　(3)956　(4)1360　2 405

練習問題

1 次の計算をしましょう。

(1)

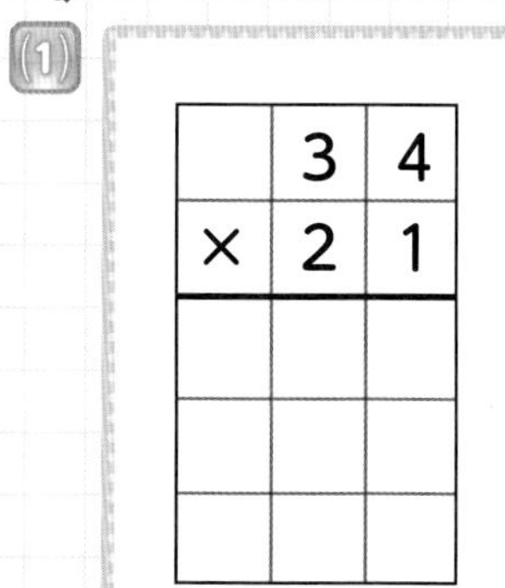

(2)

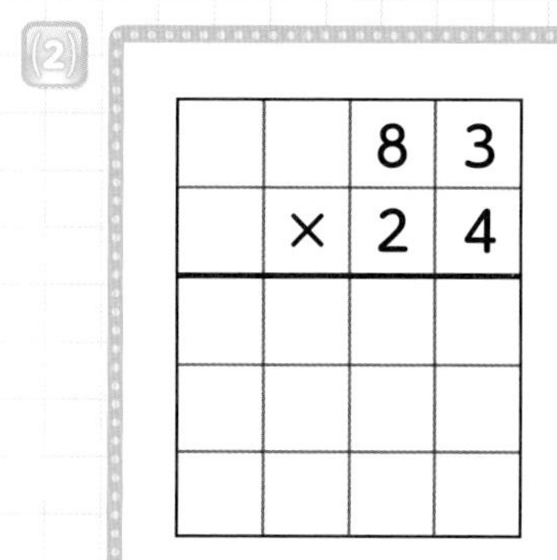

まずは，1×34。次に，2×34だ。

(3)

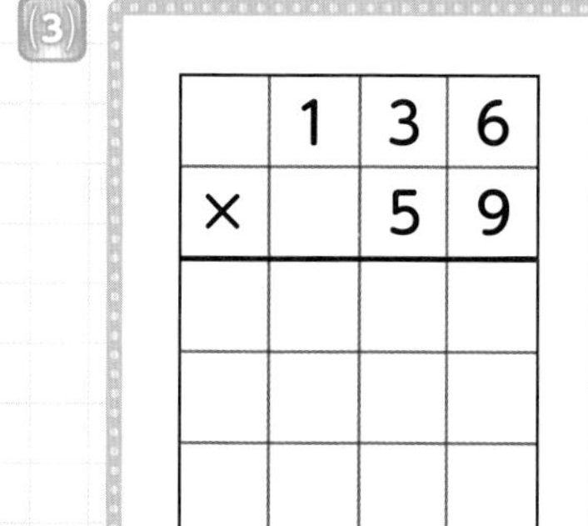

(4)

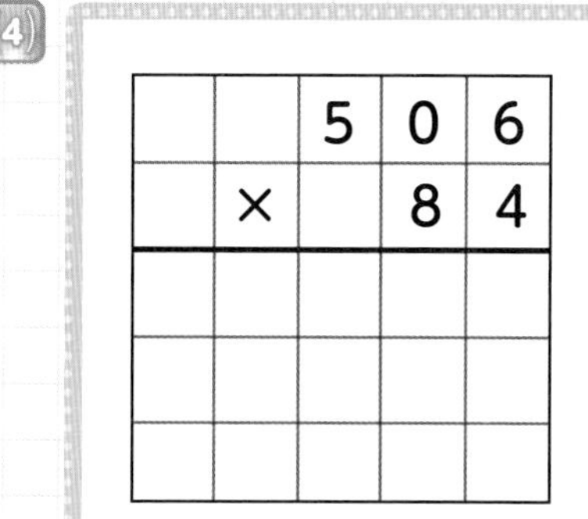

2 47人の女の子に，リボンを38cmずつ分けます。リボンは全部（ぜんぶ）で何cmいりますか。

47本分だね！

□ cm

5 わり算

かけ算の九九を使(つか)って，わり算をしよう。
あまりのあるわり算のしかたを考えよう。

1 わり算は九九を使って答えをさがそう。

$18 \div 3 = \boxed{6}$

えーっと，
答えは……

わる数が『3』だから，3のだんの九九に注目(ちゅうもく)！

3 × 1 = 3
3 × 2 = 6
3 × 3 = 9
3 × 4 = 12
3 × 5 = 15
3 × $\boxed{6}$ = 18

答えが，わられる
数の『18』にな
る九九は……。
あったー！
3×6=18！！

2 わりきれないときは「あまり」を出そう！

$14 \div 3 = 4$　あまり　2

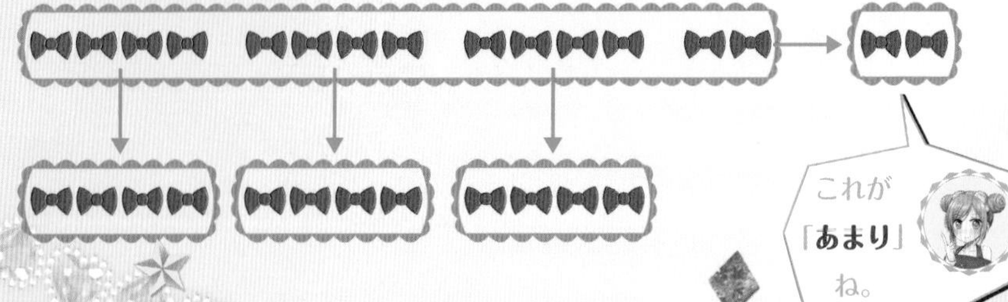

練習問題の答え　1 (1)714　(2)1992　(3)8024　(4)42504　2 1786

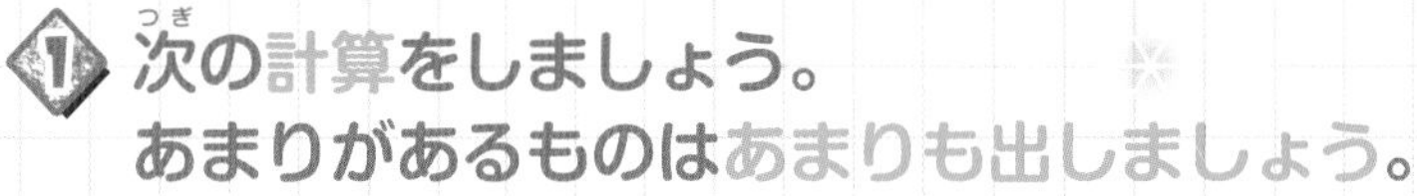

Let's TRY 練習問題

1 次(つぎ)の計算をしましょう。
あまりがあるものはあまりも出しましょう。

(1) 28÷7＝

(2) 54÷9＝

(3) 37÷5＝

(4) 71÷8＝

2 ケーキが45こあります。1箱(はこ)に6こずつケーキを入れていきます。すべてのケーキを入れるのに，箱は何箱いりますか。

箱

えっと…わり算で計算すればいいよね。
あまりが出た場合，答えに注意(ちゅうい)しよう。

これだけはおさえて！

あまりは，わる数より小さくなる！

14÷3＝4　あまり2

「2」はわる数「3」より小さい数。

あまりがわる数より大きい場合は，計算がまちがっているぞ。
答えをかくにんして，まちがいをへらそうな！

大きい数

1万より大きい数のしくみを知ろう。
また，10倍（ばい）した数，10でわった数について考えよう。

1 大きい数は4けたごとに区（く）切ってかぞえよう！

0が8こも！
この数は何？

一億（おく）の位	千万の位	百万の位	十万の位	一万の位	千の位	百の位	十の位	一の位
				1	2	3	0	0
		1	2	3	0	0	0	0
1	0	0	0	0	0	0	0	0

たいせつ
位（くらい）は4つごとに区切って，一，十，百，千，一万，十万，百万，千万，…となるな。

2 10倍したり，10でわったりすると0がふえたり，へったりするよ。

一万	千	百	十	一
			1	0
		1	0	0
	1	0	0	0
1	0	0	0	0

10倍　10倍　10倍　100倍　1000倍

一万	千	百	十	一
4	7	0	0	0
	4	7	0	0
		4	7	0
			4	7

10でわる　10でわる　10でわる　100でわる　1000でわる

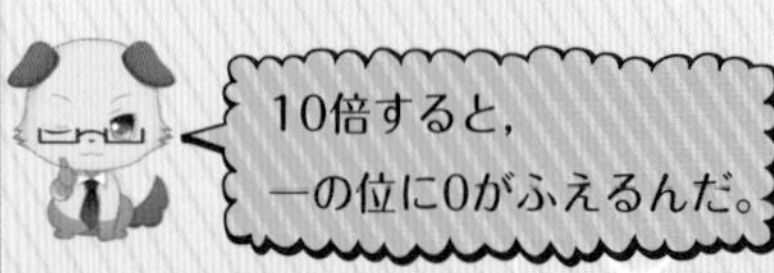

10倍すると，
一の位に0がふえるんだ。

10でわると，一の位の0を1つとった数になるよ。

練習問題の答え　1 (1)4　(2)6　(3)7あまり2　(4)8あまり7　2 8

Let's TRY 練習問題

1 次の空らんにあてはまる数を書きましょう。

3890000は，百万を［　　］こと，十万を［　　］こと，一万を［　　］こあわせた数です。

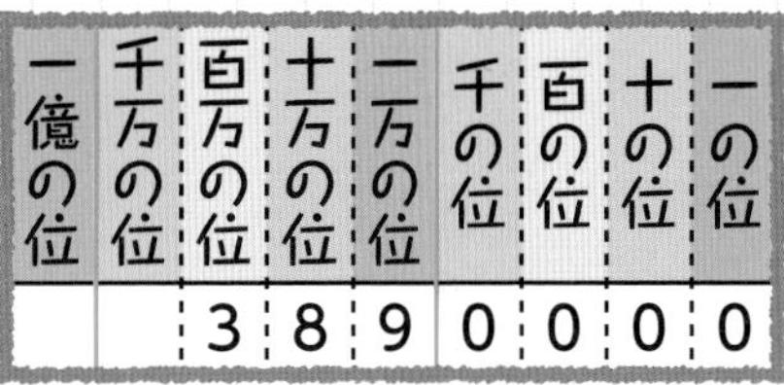

一億の位	千万の位	百万の位	十万の位	一万の位	千の位	百の位	十の位	一の位
		3	8	9	0	0	0	0

0がいっぱいでわからなくなっちゃった！
表を見て考えろ。

2 次の数を10倍した数と，10でわった数を答えましょう。

(1) 720

10倍した数［　　］

10でわった数［　　］

(2) 5600

10倍した数［　　］

10でわった数［　　］

10倍したり，10でわったりすると，0の数がかわるんだっけ？

そうよ！
10倍するときは，0を1つつける！
10でわるときは，0を1つとる！

0がふえたらまちがえちゃいそう…。

7 小数の表し方としくみ

小数の意味を知り，小数の表し方を理かいしよう。

1 小数で1より小さい数を表そう。

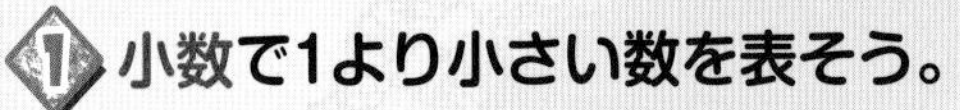

3.4cm＝3cm4mm

1cmを10こに分けたうちの1こ分の長さが0.1cmだ。1mmが0.1cm ってことだな。

3cm4mmは？3cmと4mmだから…。

3cm4mmは，3cmと0.4cmだから，3.4cmになるね。

たいせつ
0.1や3.4のような数を小数，1や3のような数を整数といいます。

一の位	小数第一位
3	4

この点は… 小数点

小数点のすぐ右の位を小数第一位っていうぞ。

2 0.1をいくつ集めた数かな。

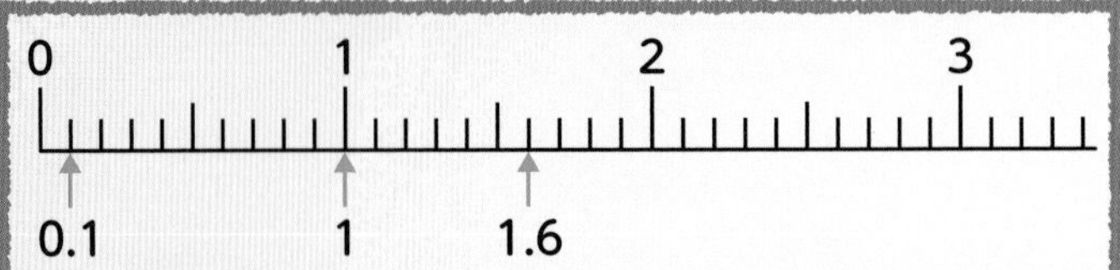

1は，0.1を10こ集めた数だ。
1.6は，0.1の16こ分ね！

 練習問題の答え 1 3，8，9　2 (1)7200，72　(2)56000，560

1 次の空らんにあてはまる数を書きましょう。

(1) 6cm2mm＝□cm

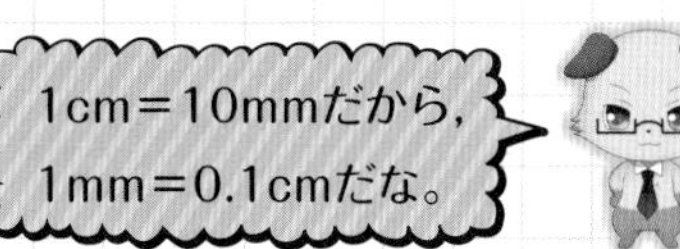

1cm＝10mmだから，
1mm＝0.1cmだな。

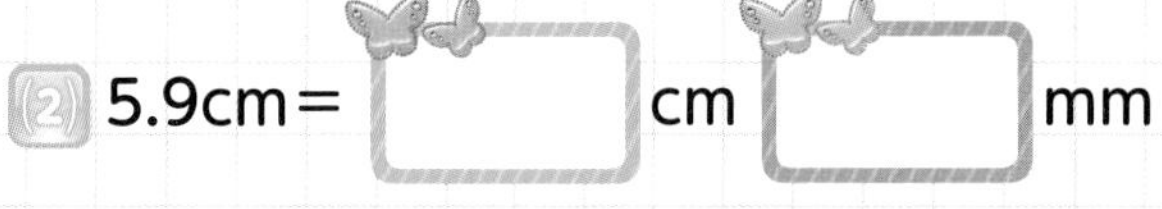

(2) 5.9cm＝□cm□mm

(3) 81dL＝□L

1L＝10dL
ってことは…。
1dLを10こ集めると1Lだぞ！

(4) 40.7は，0.1を□こ集めた数です。

(5) 0.1を320こ集めた数は，□です。

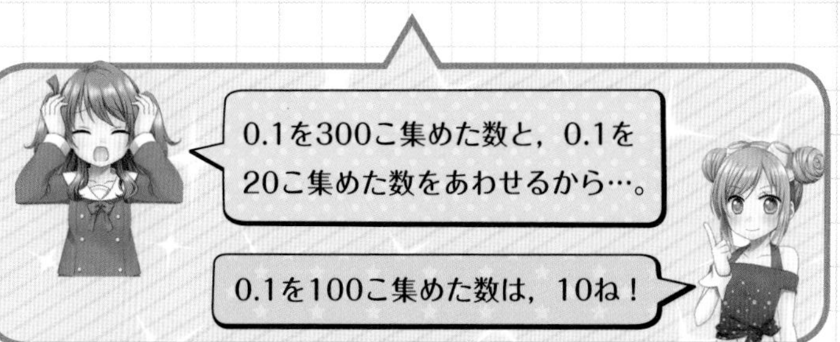

0.1を300こ集めた数と，0.1を20こ集めた数をあわせるから…。
0.1を100こ集めた数は，10ね！

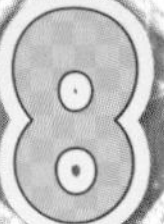

小数のたし算

小数のたし算のしかたを考えよう。

1 0.1の何こ分かな。

0.4 ＋ 0.3 ＝ 0.7

0.1 0.1 0.1 0.1　　0.1 0.1 0.1　　0.1 0.1 0.1 0.1 0.1 0.1 0.1

4こ　　3こ　　7こ

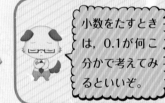

小数をたすときは，0.1が何こ分かで考えてみるといいぞ。

0.4＋0.3は，0.1で考えると，4＋3＝7だから，0.1が7こ分ね！

2 小数のたし算も位（くらい）をそろえて筆算（ひっさん）！

```
   1.2          4.0
 + 3.9        + 3.9
 -----        -----
   5.1          7.9
```

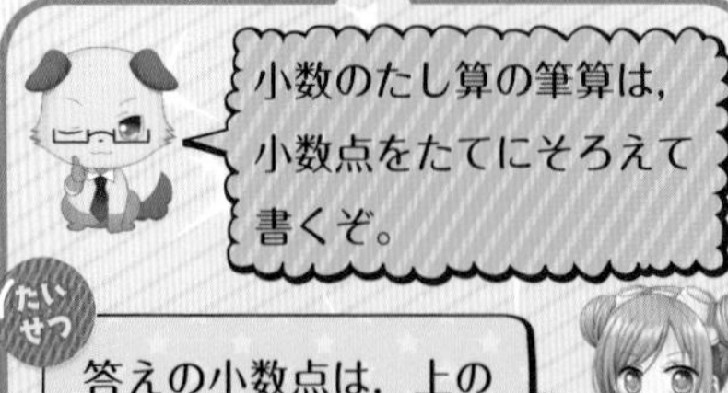

小数のたし算の筆算は，小数点をたてにそろえて書くぞ。
たいせつ
答えの小数点は，上の小数点にそろえるのよ。

あれっ，4には小数点がないよ！？
4は4.0と考えるんだ。筆算のときの書き方に注意（ちゅうい）。

練習問題の答え　1 (1)6.2　(2)5，9　(3)8.1　(4)407　(5)32

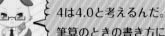

Let's TRY 練習問題

1 次の計算をしましょう。

(1) 2.1＋0.5＝

(2) 1＋4.6＝

(3) 0.3＋0.7＝

0.1が10こだと，小数点はどこにつくのかな。0の右？

0.1が10このときは1.0だ。小数点は1と0の間だな。

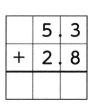

(4)

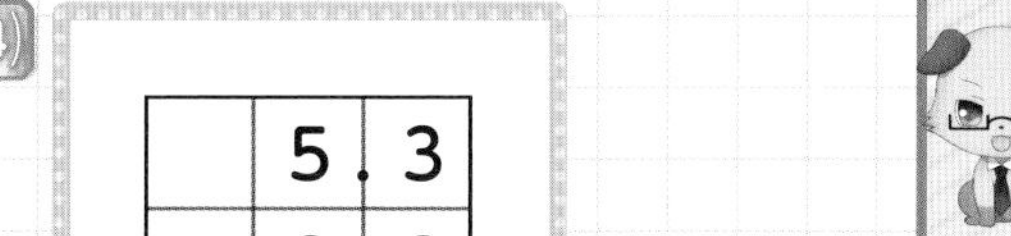

	5	.3
＋	2	.8

(5)

	3	.8
＋	4	.2

答えの小数第一位が0のときは，どうするんだっけ。

これだけはおさえて！

小数のたし算の筆算も，
整数のたし算の筆算と同じように，
位をたてにそろえて書こう。

筆算は位をそろえることが大切なんだ。位がずれると答えがかわってくるからな。

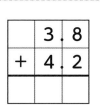

9 小数のひき算

小数のひき算のしかたを考えよう。

1 0.1の何こ分かな？

0.8 － 0.3 ＝ 0.5

0.1 0.1 0.1　　　0.1 0.1 0.1 0.1 0.1

8こ　　3こ　　5こ

小数のひき算？
どうしよ～～。

小数のたし算と同じように計算
できるからだいじょうぶだ。

2 小数のひき算も位（くらい）をそろえて筆算（ひっさん）。

$$\begin{array}{r} 4.2 \\ -\ 1.7 \\ \hline 2.5 \end{array} \qquad \begin{array}{r} 3.2 \\ -\ 2.9 \\ \hline 0.3 \end{array}$$

小数点をたてに
そろえて書くぞ。

答えの小数点は，上の
小数点にそろえるのよ。

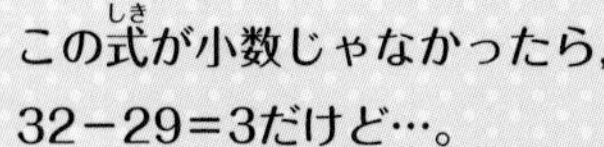

この式（しき）が小数じゃなかったら，
32－29＝3だけど…。

0.1が3こ分ということだ。
答えに「0.」を書くのをわ
すれないようにな。

練習問題の答え　1 (1)2.6　(2)5.6　(3)1　(4)8.1　(5)8

1 次の計算をしましょう。

(1) $5.9-3.6=$ □

(2) $2.1-0.4=$ □

(3) $1.4-0.9=$ □

くり下がりに気をつけて計算しよう。

(4)

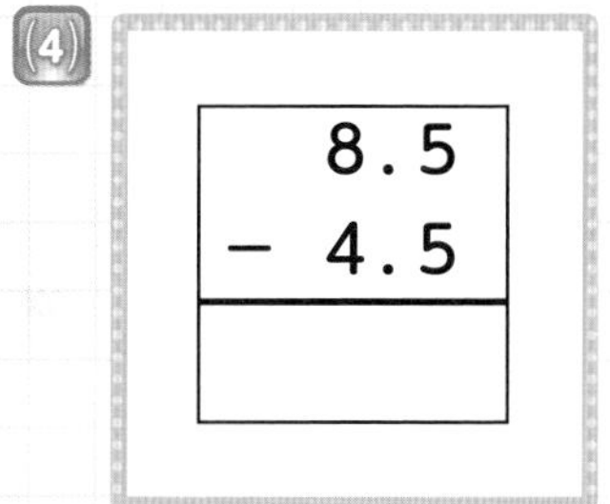

(5)

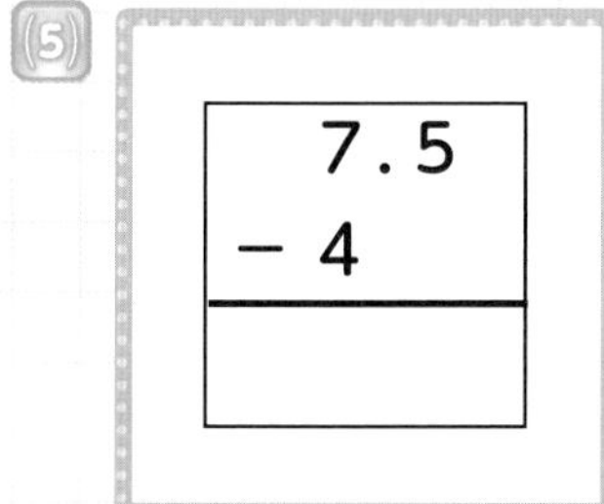

答えの小数第一位が0になるわね。
小数のたし算と同じだな。0を＼で消すぞ。

4は小数じゃないけど…。
4は4.0と考えるんだ。
小数点をたてにそろえればいいのね。

10 分数の表し方

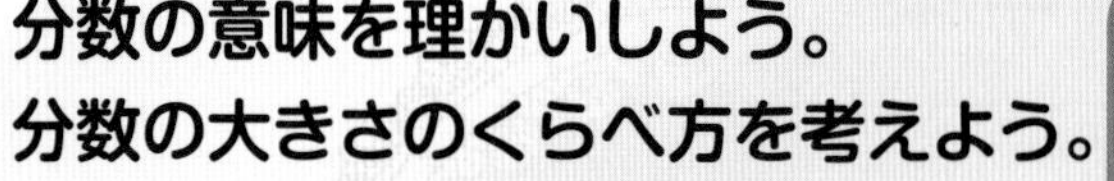

分数の意味を理かいしよう。
分数の大きさのくらべ方を考えよう。

等しく分けることを等分するというぞ。

1 等分した大きさが分数。

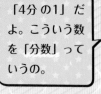

4つに等分した1つ分は $\frac{1}{4}$

$\frac{1}{4}$…？何これ，何て読むの？

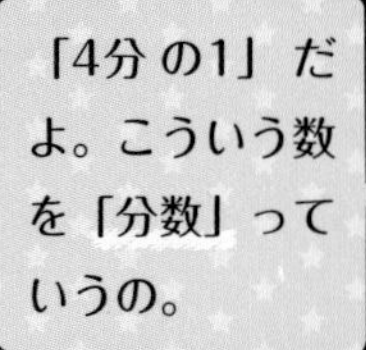

「4分の1」だよ。こういう数を「分数」っていうの。

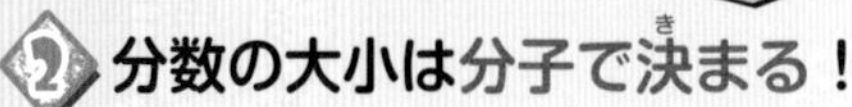

2 分数の大小は分子で決まる！

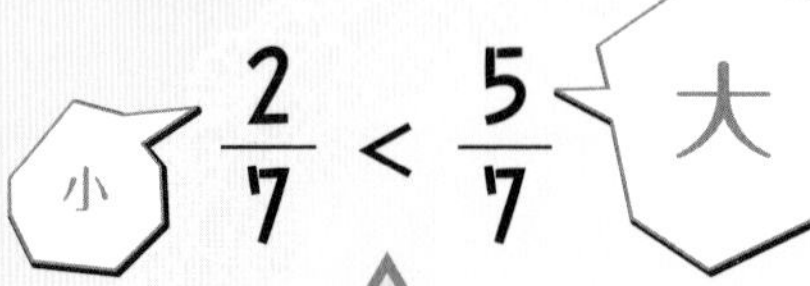

$$\frac{2}{7} < \frac{5}{7}$$

カイト先生,この「<」は何だっけ？

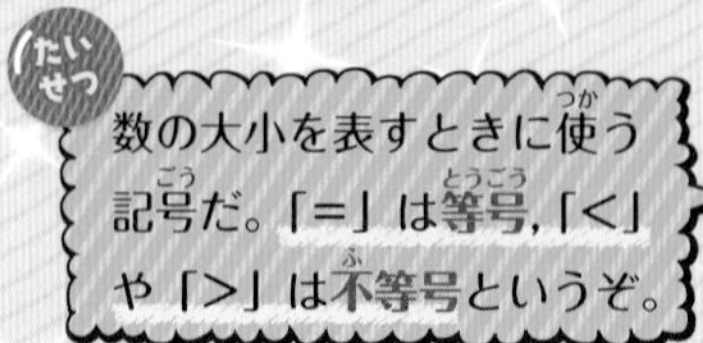

たいせつ
数の大小を表すときに使う記号だ。「=」は等号,「<」や「>」は不等号というぞ。

$\frac{2}{7}$は$\frac{1}{7}$の2つ分。$\frac{5}{7}$は$\frac{1}{7}$の5つ分だね。だから，$\frac{2}{7}$より$\frac{5}{7}$のほうが大きい！

練習問題の答え 1 (1)2.3 (2)1.7 (3)0.5 (4)4 (5)3.5

Let's TRY 練習問題

1 次の空らんにあてはまる数を書きましょう。

(1) 1mを3等分した1つ分の長さは  □ m

(2) 1kmを9等分した4つ分の長さは □ km

(3) $\frac{1}{5}$ を5つ集めた数は □

(4) $\frac{3}{7}$ は $\frac{1}{7}$ の □ こ分

$\frac{3}{3}$や$\frac{8}{8}$のように，分子と分母が等しい分数は「1」だからな。

2 次の空らんにあてはまる等号や不等号を書きましょう。

(1) $\frac{7}{8}$ □ $\frac{3}{8}$

(2) $\frac{5}{6}$ □ 1

まず，$\frac{1}{8}$の何こ分か考えよう。

セーラ,1と分数はどうやって大きさをくらべるの？

1を左がわの分数と分母が同じ分数にするの！どう？わかった？

11 分数のたし算とひき算

分数のたし算・ひき算のしかたを考えよう。

① 分母が同じ分数のたし算とひき算は分子だけ計算！

$$\frac{1}{5}+\frac{2}{5}=\frac{3}{5}$$

1+2=3

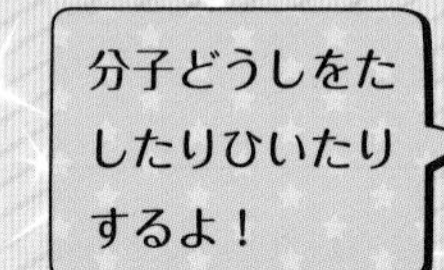

分子どうしをたしたりひいたりするよ！

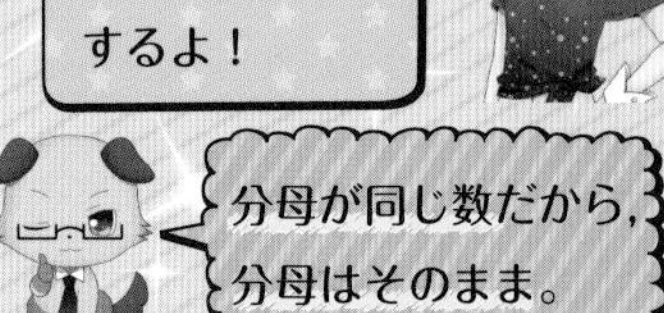

分母が同じ数だから，分母はそのまま。

$$\frac{4}{5}-\frac{3}{5}=\frac{1}{5}$$

4−3=1

整数のたし算みたいに計算できるね！

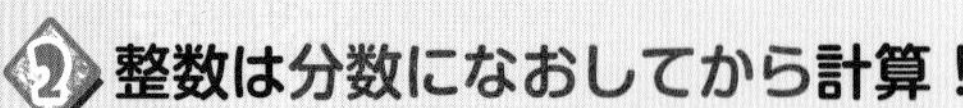

② 整数は分数になおしてから計算！

$$1-\frac{1}{3}=\frac{3}{3}-\frac{1}{3}=\frac{2}{3}$$

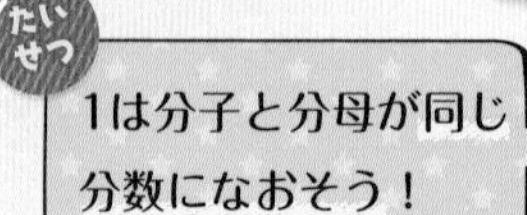

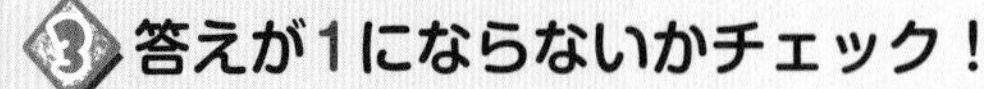

③ 答えが1にならないかチェック！

$$\frac{2}{3}+\frac{1}{3}=\frac{3}{3}=1$$

答えの分子と分母が同じときは，1になおせるからな。

練習問題の答え　①(1)$\frac{1}{3}$　(2)$\frac{4}{9}$　(3)1　(4)3　②(1)$>$　(2)$<$

Let's TRY 練習問題

1 次の計算をしましょう。

分母が同じ数だから…，
分子どうしをたせばいいね。

(1) $\frac{4}{11}+\frac{3}{11}=$ □

(2) $\frac{2}{6}+\frac{4}{6}=$ □

(3) $\frac{5}{7}-\frac{2}{7}=$ □

(4) $1-\frac{4}{9}=$ □

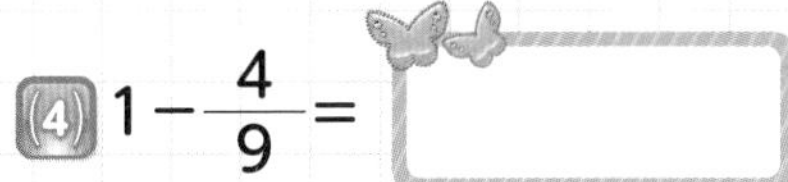

分母が同じじゃないとひけないから，分母は $\frac{4}{9}$ と同じ「9」にするのよ。

2 オレンジジュースを，みはるさんは $\frac{4}{7}$ L，ちさとさんは $\frac{2}{7}$ L飲みました。2人あわせて，オレンジジュースを何L飲みましたか。

□ L

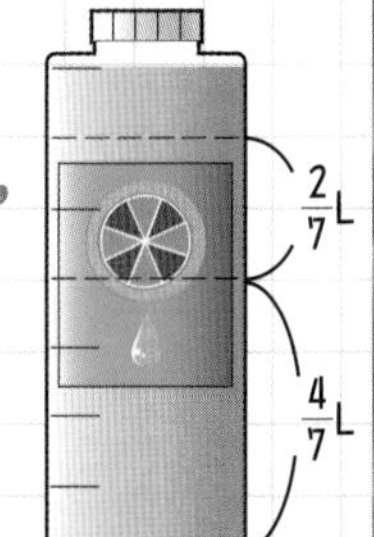

これだけはおさえて！

$$\frac{♥}{☆}+\frac{♪}{☆}=\frac{♥+♪}{☆}$$

$$\frac{♥}{☆}-\frac{♪}{☆}=\frac{♥-♪}{☆}$$

12 時こくと時間

時こくと時間について理かいしよう。
時こくと時間のもとめ方を考えよう。

1 時こくをもとめよう！ 5時50分から40分後の時こく

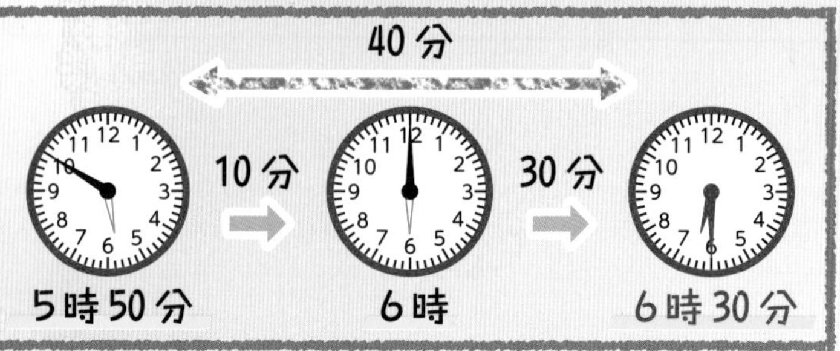

2 時間をもとめよう！ 3時40分から4時30分までの時間

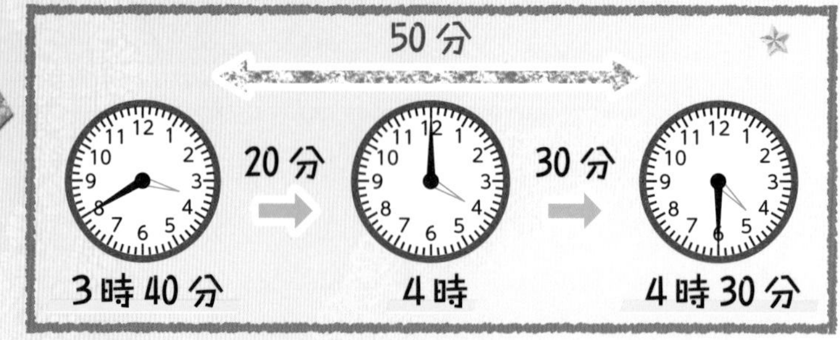

3 秒(びょう)って？

「秒」は「分」より短(みじか)い時間のたんいだな。
1分＝60秒
長い時間のたんいは，1時間＝60分だね。
1分は60秒，1時間は60分。
「60ずつ」ね。これはバッチリ☆

練習問題の答え 1 (1) $\frac{7}{11}$ (2) $1\left(\frac{6}{6}\right)$ (3) $\frac{3}{7}$ (4) $\frac{5}{9}$ 2 $\frac{6}{7}$

Let's TRY 練習問題

1 次の時間や時こくをもとめましょう。

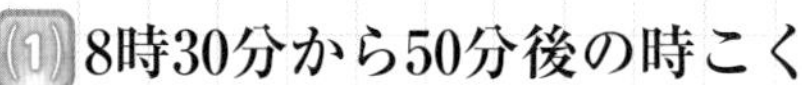

(1) 8時30分から50分後の時こく

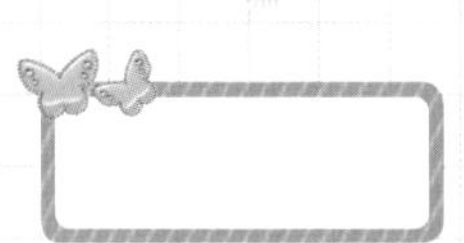

「9時まで」と「9時から」に分けて考えるの！
「9時まで」は30分だから…。

(2) 1時40分から2時10分までの時間

「2時まで」は何分？「2時から」は何分？

(3) 4時20分の40分前の時こく

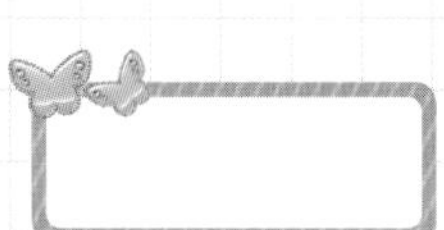

「4時」は「4時20分」の20分前だね。

2 次の空らんにあてはまる数を書きましょう。

(1) 110秒＝  分 □ 秒

(2) 2分＝ □ 秒

1分は60秒だから，60秒と何秒かに分けて考えて！
110−60 でもとめればいいな！

13 長さ

長さのはかり方をおぼえよう。
きょりと道のりの意味を理かいしよう。

① まきじゃくって？

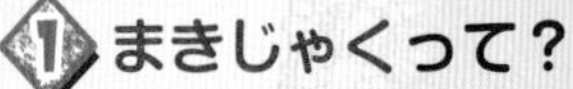

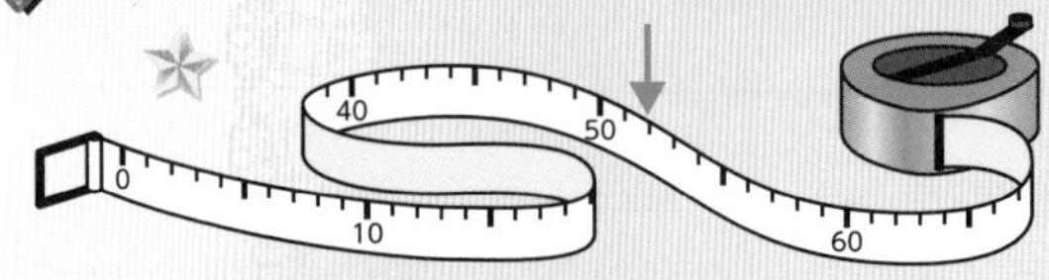

まきじゃくは長いものや，まるいもののまわりの長さをはかるのにべんりだ。

1目もりが1cmだから，
↓は52cmを表すよ。

② 長さのたんいのしくみをかくにん！

1000倍　100倍　10倍

km			m		cm	mm

③ きょりと道のりのちがいに注意！

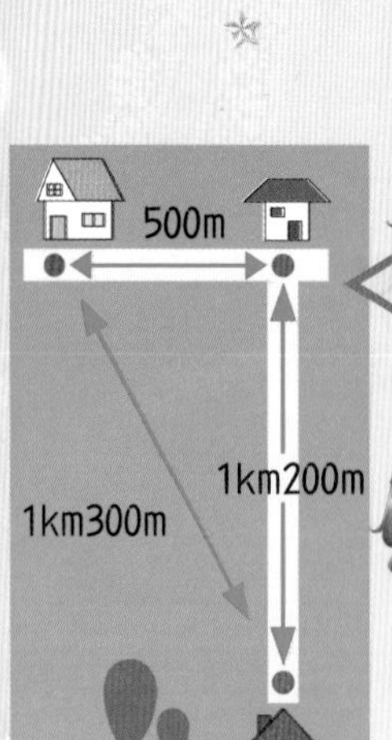

たいせつ
「きょり」は，まっすぐにはかった長さだ。
から までのきょりは1km300m？
そうだ。1km＝1000mだから，1300mともいえるな。
から までの道のりは…。
「道のり」は，道にそってはかった長さだよ。
1km200m＋500m＝1km700mね。

練習問題の答え　1 (1)9時20分　(2)30分　(3)3時40分　2 (1)1，50　(2)120

Let's TRY 練習問題

1 ㋐の目もりの長さを答えましょう。

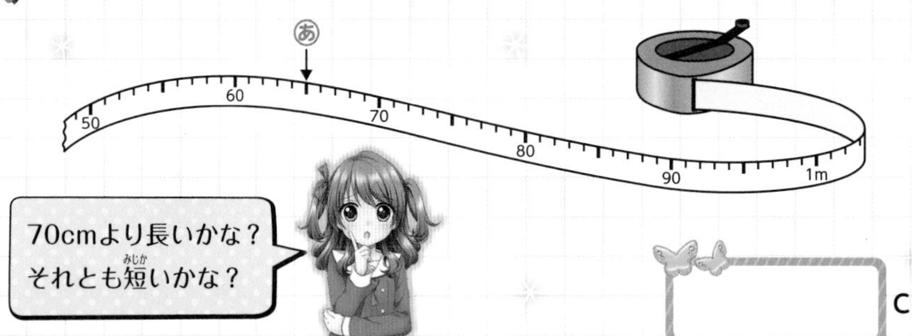

70cmより長いかな？
それとも短(みじか)いかな？

[　　　] cm

2 次(つぎ)の空(くう)らんにあてはまる数を書きましょう。

2080m＝[　　　] km [　　　] m

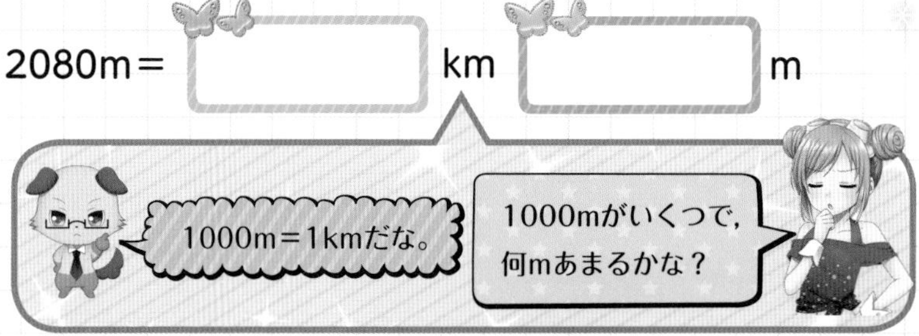

1000m＝1kmだな。
1000mがいくつで，
何mあまるかな？

3 右の絵地図を見て答えましょう。

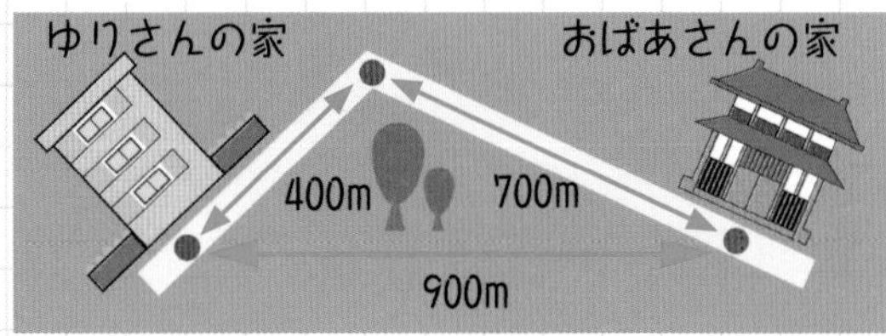

(1) ゆりさんの家からおばあさんの家までのきょりは，何mですか。

[　　　] m

(2) ゆりさんの家からおばあさんの家までの道のりは，何mですか。

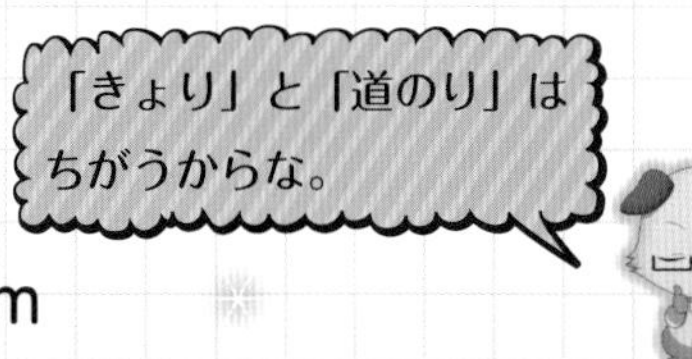

[　　　] m

14 重さ

重さのたんいのかん係を知ろう。はかりの読み方について考えよう。

1 重さのたんいをかくにんしよう！

1000g ＝ 1kg
1000kg ＝ 1t

1000倍　1000倍　1000倍

1000kg 1t	1kg	1g	1mg

g，kg，tって何？

たいせつ
重さのたんいだ。
gはグラム
kgはキログラム，
tはトン
と読むぞ。

2 はかりは1目もりの大きさに注意！

左のはかりは，2kgまではかれるね。
はりがさしている目もりは，1200gだ。1200g＝1kg200gだな。

3 重さの計算は同じたんいでたしたり，ひいたり！

練習問題の答え　1 65　2 2，80　3 (1)900　(2)1100

Let's TRY 練習問題

1 右のはかりを見て，答えましょう。

重さは ［　　　］ gです。

また，［　　　］ kg  ［　　　］ gです。

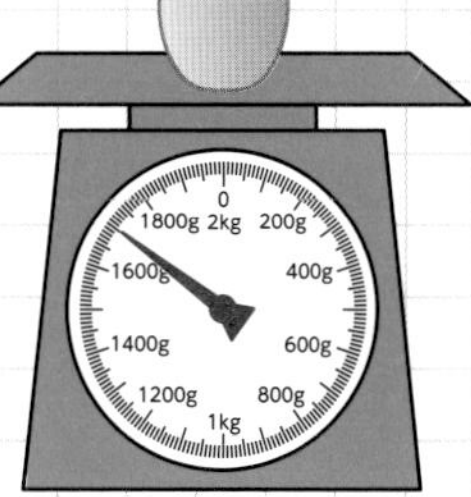

2 600gのバッグに，荷物（にもつ）を入れて重さをはかったら，1kg700gでした。バッグに入れた荷物の重さは何gですか。

全体（ぜんたい）の重さから，バッグの重さをひけば，荷物の重さがわかるぞ。

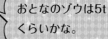

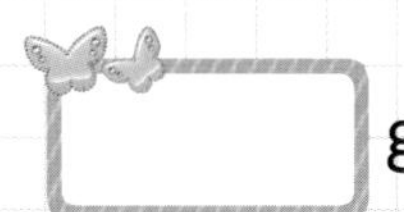 g

これだけはおさえて！

1000g＝1kg
1000kg＝1t

1tよりも重いものって何があるの？
おとなのゾウは5tくらいかな。

15 円と球

円と球(きゅう)について，半径(はんけい)・直径(ちょっけい)の意味(いみ)を知ろう。
コンパスを使(つか)った長さのくらべ方を考えよう。

1 円と球をかくにんしよう！

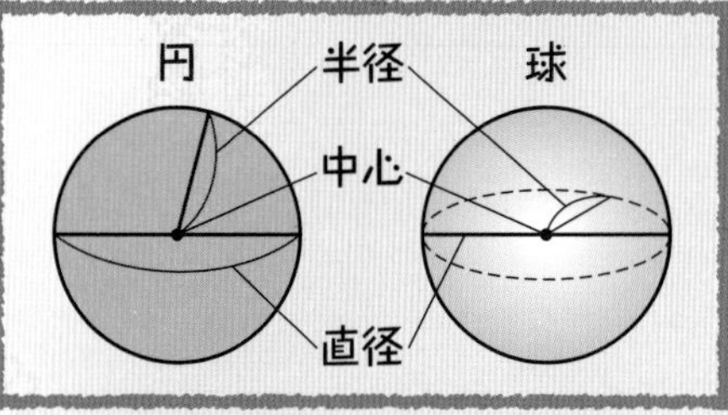

半径と直径の長さのかん係(けい)って？

たいせつ 直径は半径の2倍(ばい)だ！

2 コンパスを使って長さくらべ！

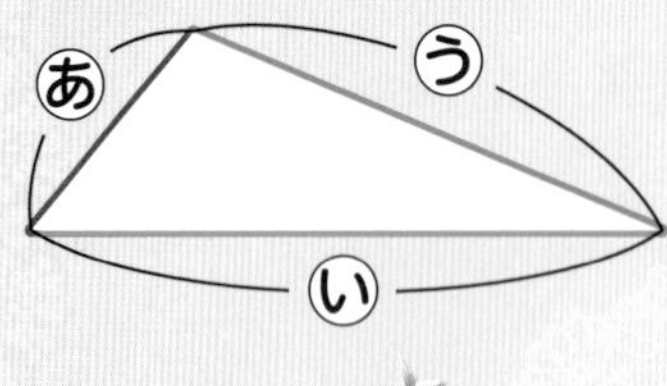

この三角形では，どの辺(へん)がいちばん長いんだろう？

コンパスを使えば，長さがくらべられるよ。

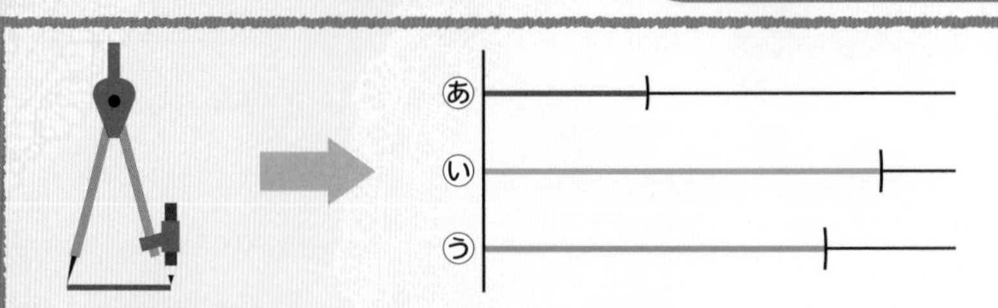

辺の長さを，コンパスで写(うつ)しとるんだ。
いがいちばん長いね！

 練習問題の答え 1 1700，1，700 2 1100

Let's TRY 練習問題

1 次(つぎ)の問題に答えましょう。

(1) 下の円の直径は何cmですか。

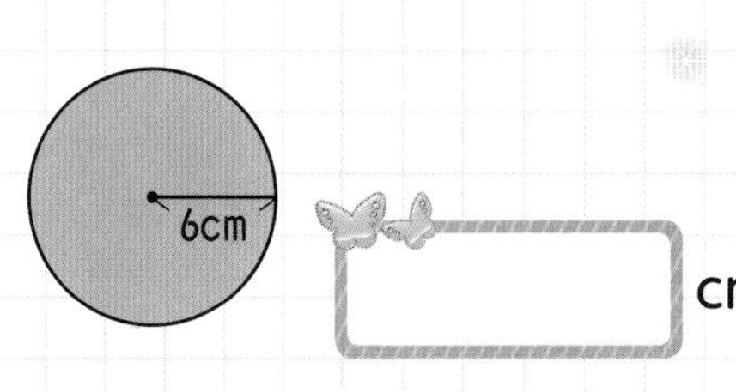

(2) 同じ大きさの球が，箱(はこ)にぴったりと入っています。
この球の半径は何cmですか。

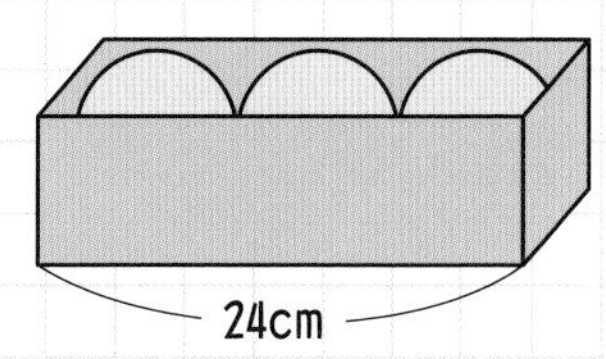

24cm

24cmは，直径3こ分だな。

cm

(3) あ，いの線で，長いのはどちらですか。
コンパスで写しとって，くらべましょう。

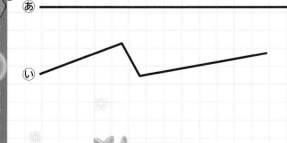

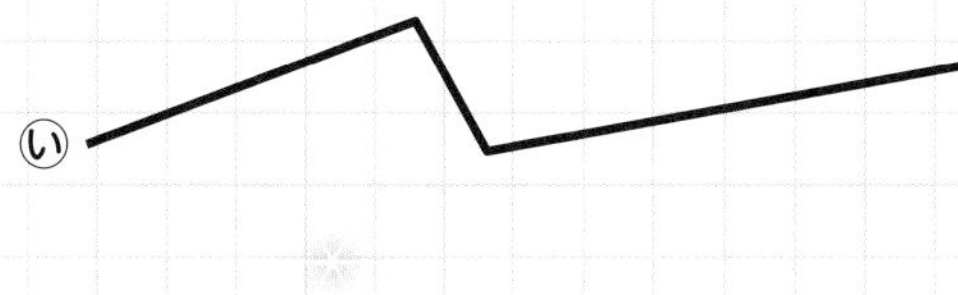

いの線はまっすぐじゃないよ！？

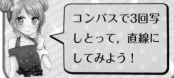

コンパスで3回写しとって，直線にしてみよう！

16 三角形と角

二等辺三角形，正三角形のとくちょうを知ろう。角の大きさのくらべ方を考えよう。

1 二等辺三角形と正三角形！

二等辺三角形

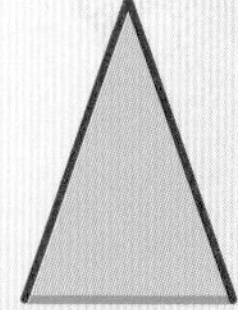

正三角形

二等辺三角形は，2つの辺の長さが等しい三角形だな。

正三角形は，3つの辺の長さが等しい三角形よ！

2 三角形の角に注目しよう。

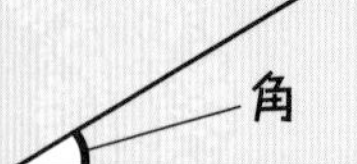

2つの辺にはさまれた形を角っていうの。

三角形の形と角の大きさってかん係あるの？

二等辺三角形

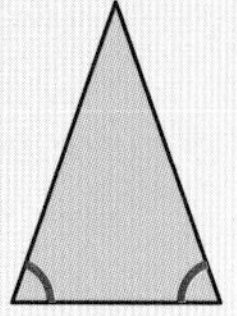

正三角形

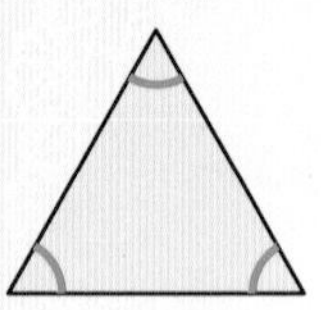

たいせつ

カグヤ，もちろんかん係あるさ。二等辺三角形は，2つの角の大きさが等しいんだ。

正三角形は，3つの角の大きさがすべて等しいの！

練習問題の答え ①(1)12 (2)4 (3)あ

1 次の三角形を見て，答えましょう。

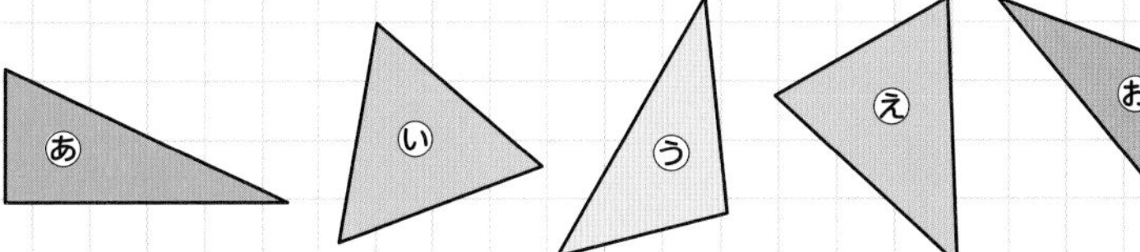

(1) 二等辺三角形をえらびましょう。

コンパスを使って，辺の長さをくらべるのよ！

(2) 正三角形をえらびましょう。

2 次の角を，大きいじゅんにならべましょう。

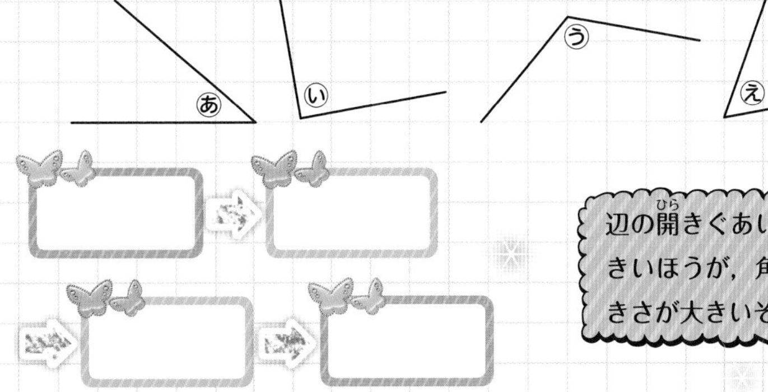

辺の開きぐあいが大きいほうが，角の大きさが大きいぞ。

これだけはおさえて！

二等辺三角形は，2つの角の大きさが等しい！
正三角形は，3つの角の大きさがすべて等しい！

それぞれの三角形のとくちょうは，わかったか？

17 □を使った式

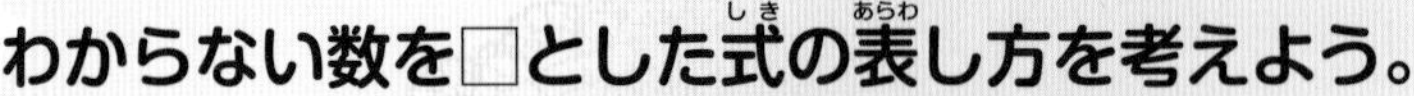
わからない数を□とした式の表し方を考えよう。

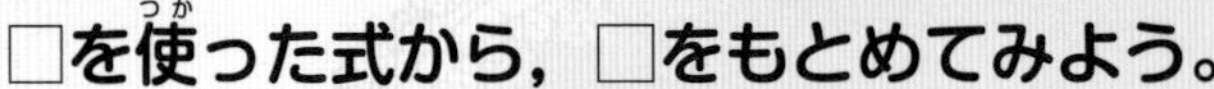
□を使った式から，□をもとめてみよう。

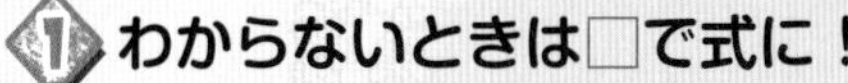

1 わからないときは□で式に！

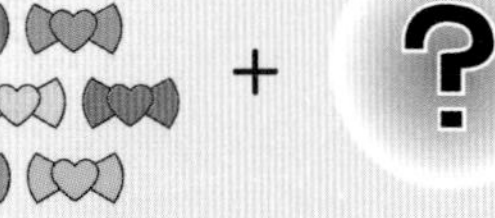

あめが10こありました。　いくつか買いました。　あめが25こになりました。

買った数がわからないよ～！
わからない数は□を使うのよ！

$10+\square=25$

図にかいて考えることもできるぞ。

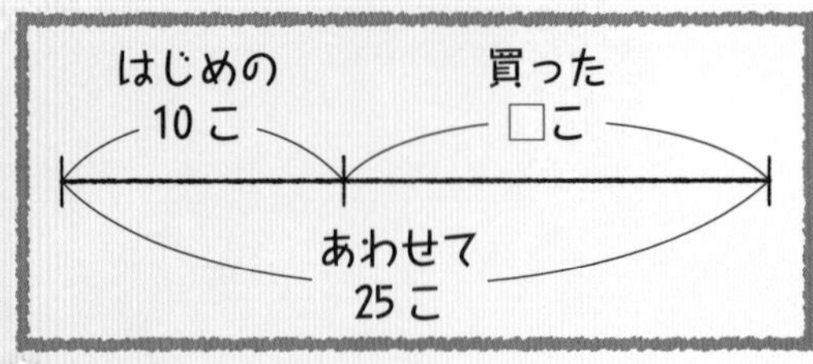

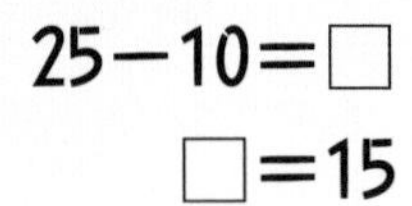

$25-10=\square$

$\square=15$

ひき算やかけ算も式に表せるのよ！

Let's TRY 練習問題

1 公園に，ハトが何羽かいました。3羽とんでいったところ，9羽のこりました。

(1) わからない数を□として，式に表しましょう。

何算を使えばいいのかわからないんですけど…。
図を見て考えると,数のかん係がわかりやすいよ。
とんでいった
3羽
のこった
9羽
はじめにいた
□羽

(2) □にあてはまる数をもとめましょう。

2 ビー玉が12こありました。いくつかもらったので，全部で32こになりました。

(1) わからない数を□として，式に表しましょう。

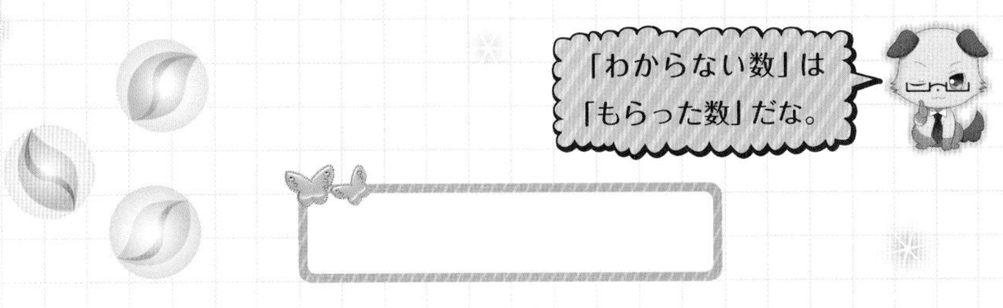
「わからない数」は
「もらった数」だな。

(2) □にあてはまる数をもとめましょう。

18 ぼうグラフ

ぼうグラフのよみ方を学ぼう。

1 ぼうの長さをくらべる「ぼうグラフ」

すきな動物(どうぶつ)と人数

すきな動物	犬	ねこ	うさぎ	その他(た)	合計
人数(人)	11	9	3	4	27

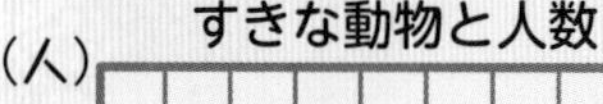

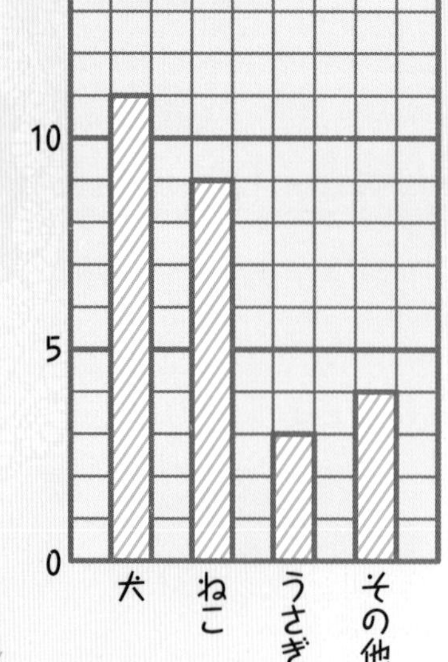

たてじくは，人数を表(あらわ)しているな。
横(よこ)じくは，すきな動物のしゅるいを表しているわ。
どの動物が人気があるかがわかるね！
たいせつ
「その他」は，数が多くても，さいごに書くんだ。

練習問題の答え　1(1)□−3＝9　(2)12　2(1)12＋□＝32　(2)20

Let's TRY 練習問題

1 次のグラフは，ある学校の3年生の女子が「なりたいしょく業」について，まとめたものです。このグラフを見て，次の問題に答えましょう。

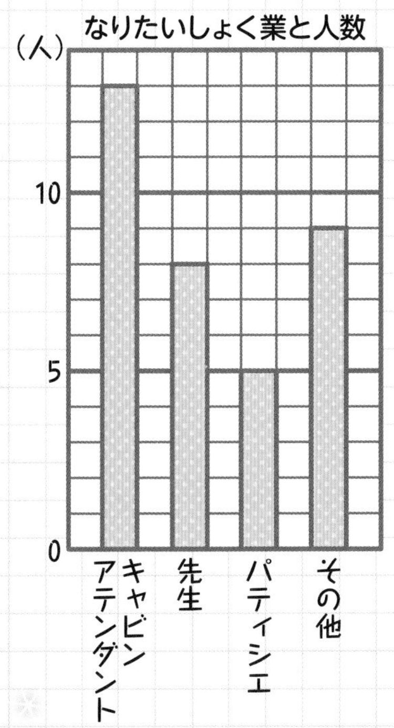

(1) 先生になりたい人は，何人ですか。

人

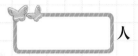

(2) キャビンアテンダントになりたい人は，パティシエになりたい人より，何人多いですか。

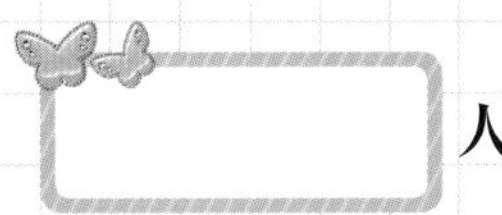
人

(3) この学校の3年生の女子の人数は，全部で何人ですか。

人

キャビンアテンダントになりたい人，先生になりたい人，パティシエになりたい人の人数と，「その他」の人数を全部たせばいいぞ。

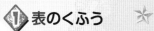

19 整理のしかた

いくつかの表から，全体のようすがわかるように，1つの表にまとめよう。

❶ 表のくふう

遊んだ場所調べ(人)(1組)

場所	人数
公園	11
家	8
その他	9
合計	28

遊んだ場所調べ(人)(2組)

場所	人数
公園	9
家	9
その他	8
合計	26

遊んだ場所調べ(人)(3組)

場所	人数
公園	12
家	10
その他	5
合計	27

遊んだ場所調べ（人）（1 ～ 3組）

場所＼組	1組	2組	3組	合計
公園	11	9	12	32
家	8	9	10	27
その他	9	8	5	22
合計	28	26	27	♡81

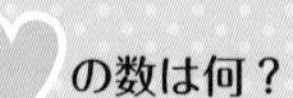

♡の数は何？

すべての合計の人数よ。たてにたしても，横にたしても同じでしょ！

 練習問題の答え ①(1)8　(2)8　(3)35

練習問題

1 次(つぎ)の問題に答えましょう。

次の表は，ある学校の3年生がすきなスイーツについて，クラスべつにまとめたものです。この表を，1つの表にまとめましょう。

すきなスイーツ調べ(人)(1組)

しゅるい	人数
ケーキ	13
チョコレート	9
プリン	3
その他	7
合計	32

すきなスイーツ調べ(人)(2組)

しゅるい	人数
ケーキ	15
チョコレート	8
プリン	6
その他	4
合計	33

すきなスイーツ調べ(人)(3組)

しゅるい	人数
ケーキ	10
チョコレート	11
プリン	5
その他	5
合計	31

すきなスイーツ調べ(人)(1 ～ 3組)

組 しゅるい	1組	2組	3組	合計
ケーキ				
チョコレート				
プリン				
その他				
合計				

たてにたした合計はクラスべつの人数の合計を表(あらわ)すよ。

横にたした合計はしゅるいべつの人数の合計を表すぞ。

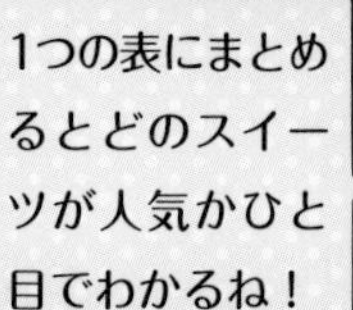

1つの表にまとめるとどのスイーツが人気かひと目でわかるね！

おさえておこう！ポイントまとめ

しっかり
おぼえろよ！

ポイント1 大きい数のしくみ

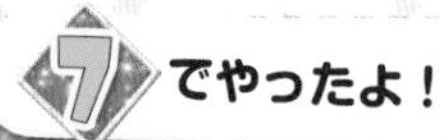
6 でやったよ！

一億　千万を10こ集めた数

位は，4つごとに区切って考えるといいよ。

一億の位	千万の位	百万の位	十万の位	一万の位	千の位	百の位	十の位	一の位
1	0	0	0	0	0	0	0	0

ポイント2 小数

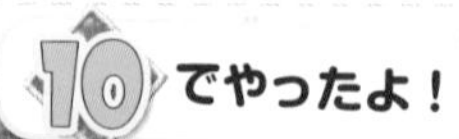
7 でやったよ！

1cmを10等分したときの1こ分の長さが0.1cm。
3.4cmは，3cmと0.4cm。

一の位	小数第一位
3	4

この点は…
小数点

ポイント3 分数

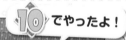

10 でやったよ！

4つに等分した1つ分は

$\frac{1}{4}$

$\frac{1}{4}$は「4分の1」と読む。
4は分母，1は分子という。

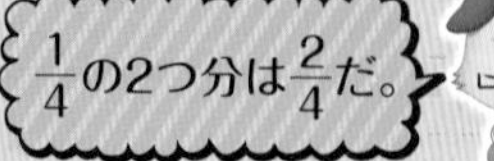
$\frac{1}{4}$の2つ分は$\frac{2}{4}$だ。

練習問題の答え　1 (ケーキ左から)13，15，10，38 ／(チョコレート左から)9，8，11，28 ／(プリン左から)3，6，5，14 ／(その他左から)7，4，5，16 ／　(合計左から)32，33，31，96

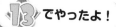

ポイント4 きょりと道のり

13でやったよ！

きょり　まっすぐにはかった長さ

道のり　道にそってはかった長さ

ポイント5 円と球

でやったよ！

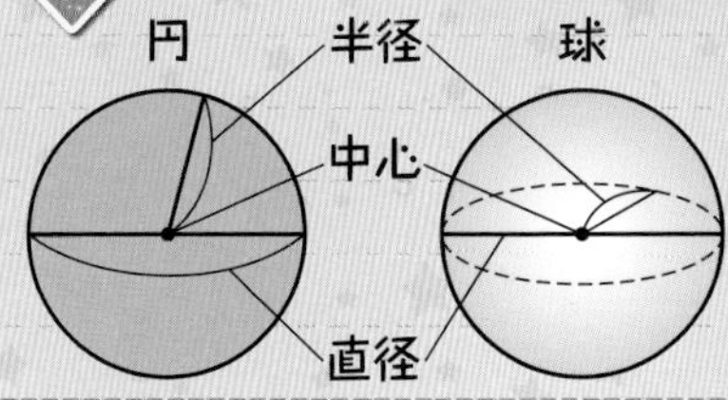

直径は半径の2倍の長さ

ポイント6 二等辺三角形と正三角形

16でやったよ！

正三角形　3つの辺の長さが等しい
3つの角の大きさが等しい

二等辺三角形　2つの辺の長さが等しい
2つの角の大きさが等しい

ポイント7 いろいろなたんい

でやったよ！

時こくと時間	1時間＝60分
	1分＝60秒
長さ	1km＝1000m
重さ	1000g＝1kg
	1000kg＝1t

よーし，がんばって
おぼえるぞー！！

チェックテスト【算数】

⇒答えと解説は P.196

1 次の計算をしましょう。

□ (1) ふく習P28

	2	9	1
+	4	1	5

□ (2) ふく習P30

	2	3	1
−		2	9

□ (3) ふく習P32

	1	5	5
×			4

□ (4) ふく習P34

	2	3	6
×		1	8

□ (5) ふく習P42

	6.	4
+	2.	6

□ (6) ふく習P44

	5	
−	1.	8

計算のしかたは
おぼえているか？

2 次の空らんにあてはまる数を書きましょう。

□ (1) 千万を8こと，百万を2こと，一万を4こあわせた数は，

□ です。 ふく習P38

□ (2) 0.1を150こ集めた数は，□ です。 ふく習P40

□ (3) $\frac{3}{4}$は$\frac{1}{4}$の □ こ分です。 ふく習P46

□ 3 カグヤは，62ページの本を1日に8ページずつ読みます。全部のページを読むのに，何日かかりますか。

ふく習P36

□ 日

□ 4 ジュースが1Lあります。$\frac{3}{8}$L飲むと，のこりは何Lですか。

ふく習P48

□ L

えっと，整数を分数になおすから…

□ 5 セーラは，7時50分から8時20分まで，ベランダで星を見ていました。セーラが星を見ていた時間をもとめましょう。

ふく習P50

□ 分

6 次の空らんにあてはまる数を書きましょう。

□ (1) 1250m＝□km□m

ふく習P52

□ (2) 1kg80g＝□g

ふく習P54

あとちょっと！

□ 7 右の表は，すきな花について，クラスべつにまとめたものです。①～③にあてはまる数を書きましょう。

ふく習P64

すきな花調べ(人)(1～3組)

しゅるい ＼ 組	1組	2組	3組	合計
さくら	10	①	11	31
ひまわり	8	10	8	26
コスモス	8	10	9	27
チューリップ	8	2	②	15
合計	34	32	33	③

プチ体けん

何gかな？

重(おも)さのたんいがわかったら，ざいりょうをはかっておかしづくり，なんてこともできるぞ。

電子レンジで！かんたんサクサククッキー☆

ざいりょう

バター…60g
小麦こ…150g
さとう…60g
たまご(M(エム)サイズ)…1こ

にんじん1本がだいたい150gだよ！

からつきのMサイズのたまご1こが，だいたい60gだよ！

いただきまーす☆

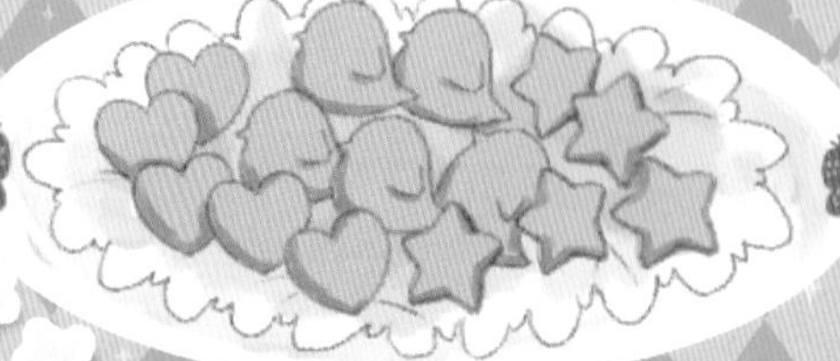

つくりかた

1. バターを1分間電子レンジであたためる。
2. 1のバターの中に，たまごとさとうを入れて，白っぽくなるまでまぜる。
3. 2に小麦こを入れて，きじをまとめる。
4. きじがまとまったら，ラップにつつんでれいぞうこに30分入れる。
5. 5ミリくらいのうすさにのばして，かたぬきをする。
6. 電子レンジで3～5分チンしてできあがり☆

3
時間目
理科
Science

理科の世界へ
ようこそ!

1 生き物のかんさつ

虫めがねの使い方や，かんさつの記ろくのしかたをおさえよう。

① 虫めがねの使い方

1 見たい物を動かせるとき

たいせつ

虫めがねを目に近づけて持ち，**見るものを動かす**のよ！

2 見たい物が動かせないとき

虫めがねを目に近づけて持ち，**からだごと動かす**んだ。

② かんさつの記ろくのしかた

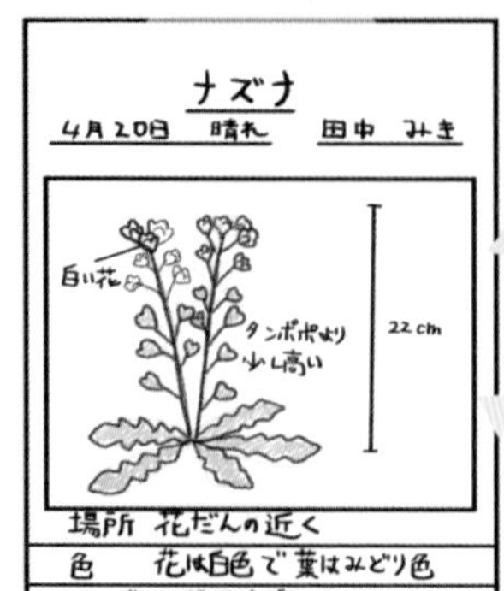

ナズナ
4月20日　晴れ　田中 みき
白い花
タンポポより少し高い
22cm
場所　花だんの近く
色　花は白色で葉はみどり色
形　葉がぎざぎざしている。
大きさ　高さは22cmくらい。

絵だけじゃなくて，言葉でも記ろくすればいいのね。

絵は形や色がわかるようにていねいにかこう。

そうね！かんさつした場所，色，形，大きさなどを記ろくするのよ！

Let's TRY 練習問題

練習問題の答えは次のページにあります。

1 見たい物が動かせるとき，虫めがねの使い方として正しいものを，次の ア ～ エ から１つえらびましょう。

虫めがねってどうやって使うんだったかな？

虫めがねは目に近づけて持つのよ！

ア

虫めがね

イ

虫めがねと花

ウ

からだと
虫めがね

エ

花

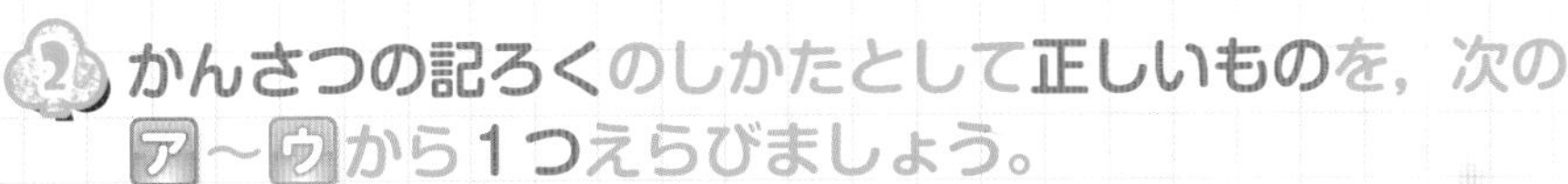

2 かんさつの記ろくのしかたとして正しいものを，次の ア ～ ウ から１つえらびましょう。

ア 絵は形がはっきりわかるように，色をぬらない。

イ かんさつした日や，そのときの天気は書かなくてよい。

ウ 色，形，大きさなどは，言葉でも記ろくする。

これだけはおさえて！

虫めがねは目に近づけて持ち，見る物を動かせるときは見る物を，見る物を動かせないときは虫めがねとからだを動かすよ！

虫めがねで新しい世界を見ていこう！

2 植物の育ち方

植物のたねをまいてからのようすをおさえよう。

① ホウセンカのたねのまき方

入れ物に土を入れる → たねをまいて土を少しかける

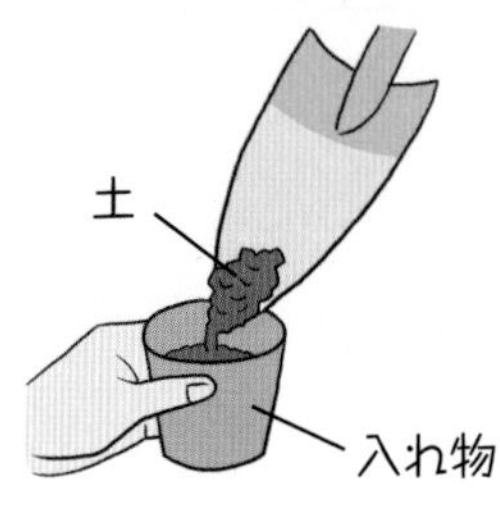

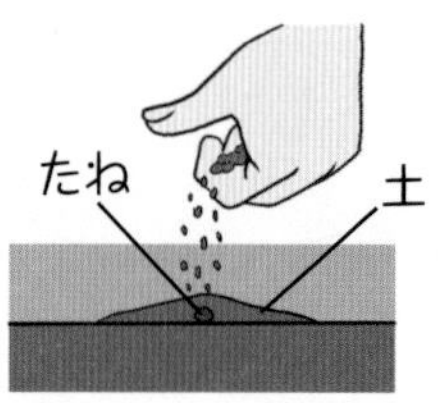

ヒマワリのように大きなたねは，土にあなをあけてからまくんだ。

② めが出たあとのようす

葉の数はどんどんふえていき，草たけがのびるよ！

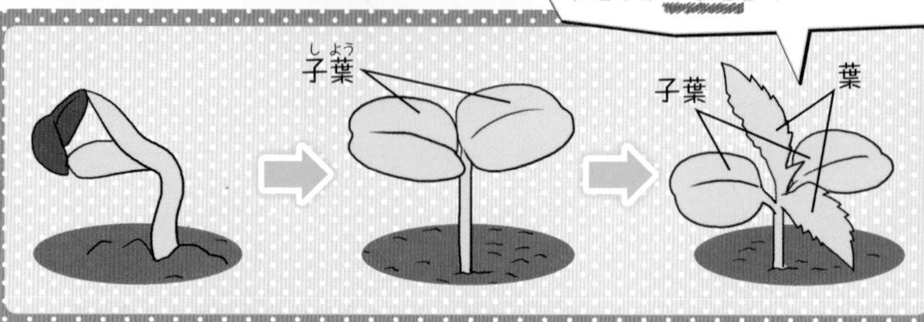

はじめに出た葉の形と，あとから出た葉の形はちがうのね。

たいせつ

そうだ。はじめに出た丸みのある形の葉は子葉といって，あとから出た葉とはちがうんだ。

 練習問題の答え 1エ 2ウ

1 ホウセンカのたねのまき方として正しいものを，次の ア～ウ から１つえらびましょう。

ア

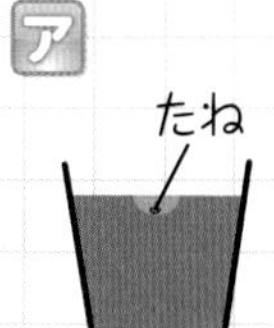

イ

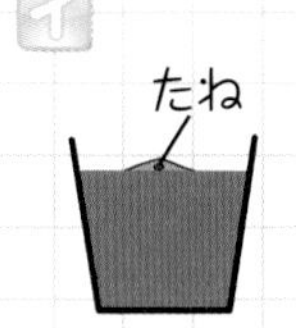

ウ

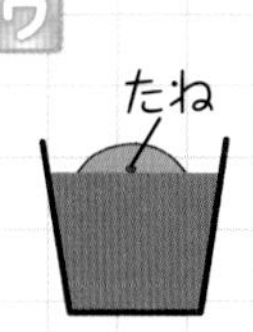

セーラ，ホウセンカのたねをまくときって，土にあなをあけるんだっけ？

ホウセンカのたねは小さいから，あなはあけなくてもいいの！

2 ホウセンカのめが出たあと，はじめに出てくる右の図のような葉を何といいますか。

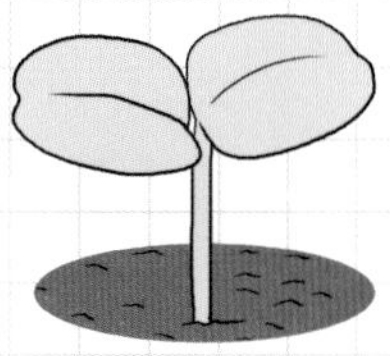

3 ホウセンカのめが出たあとのようすとして正しいものを，次の ア～ウ から１つえらびましょう。

ア 丸みのある葉が２まい出たあと，ふちがぎざぎざした葉が出る。

イ 丸みのある葉が２まい出たあと，同じ形の葉が出て数がどんどんふえていく。

ウ 丸みのある葉が２まい出たあと，草たけだけがどんどんのびる。

モンシロチョウの育ち方

モンシロチョウのたまごがかえったあとの育ち方をおさえよう。

① モンシロチョウのかい方

入れ物のふたにあなをあけて，しめらせた紙を入れるんだ。

キャベツやアブラナの葉を入れるのよ！

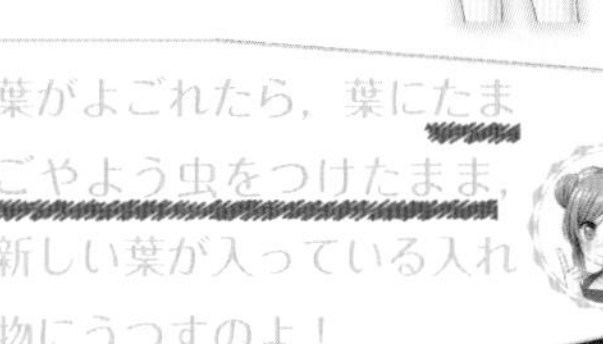

葉がよごれたら，葉にたまごやよう虫をつけたまま，新しい葉が入っている入れ物にうつすのよ！

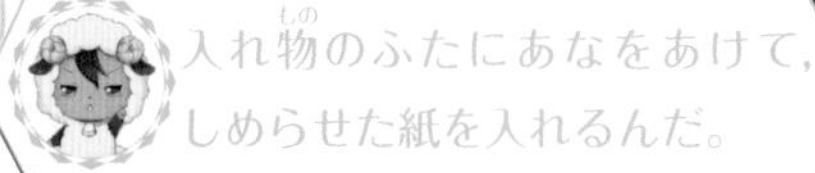

② たまごがかえったあとの育ち方

たまご → よう虫 → さなぎ → せい虫

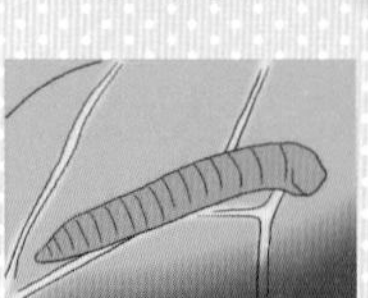

よう虫のからだは大きくならないのかな？

たいせつ

よう虫は葉を食べて動きまわり，からだの皮をぬぐと，からだが大きくなるぞ。**さなぎ**になると何も食べず，動かなくなるんだ。

練習問題の答え　1イ　2子葉　3ア

1 モンシロチョウのたまごやよう虫のかい方として正しいものを，次の ア ～ ウ から１つえらびましょう。

ア

イ

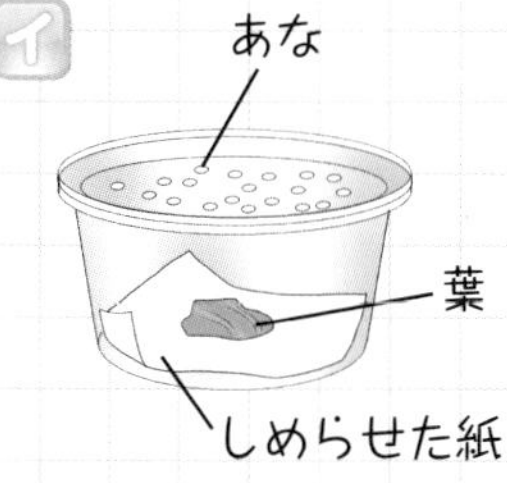

ウ

2 モンシロチョウが右の図のようなすがたをしているとき，からだの大きさはどのようになっていきますか。

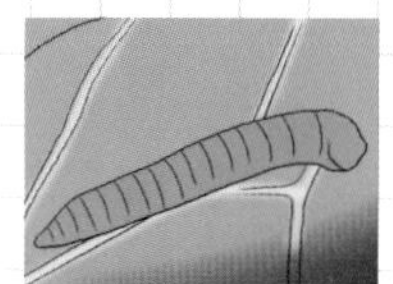

からだの大きさは，かわるんだっけ？

カグヤ，わすれたのか？葉をたくさん食べて，皮をぬいでから，どうなった？

3 モンシロチョウが育つじゅん番として正しいものを，次の ア ～ エ から１つえらびましょう。

ア たまご→よう虫→せい虫

イ たまご→さなぎ→せい虫

ウ たまご→よう虫→さなぎ→せい虫

エ たまご→さなぎ→よう虫→せい虫

4 モンシロチョウのからだのつくり

モンシロチョウのせい虫のからだのつくりをおさえよう。

モンシロチョウのせい虫のからだ

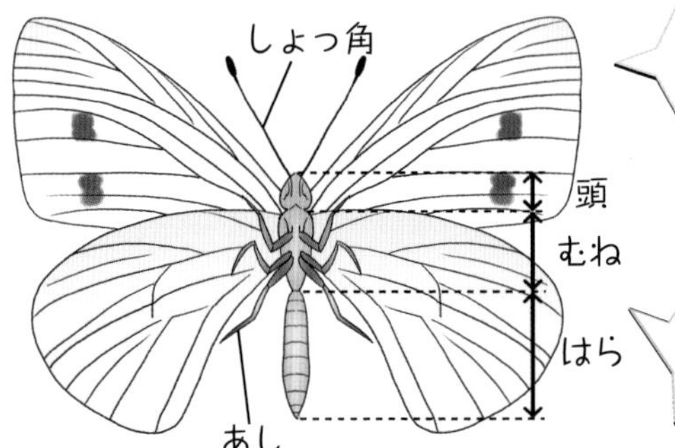

からだが**頭**・**むね**・**はら**に分かれているわ！

むねには，はねと**6本**のあしがついているんだ。

頭にはしょっ角，目，口があるのね。こんな小さい頭にもちゃんと目，口があるなんて，すごい！

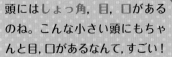

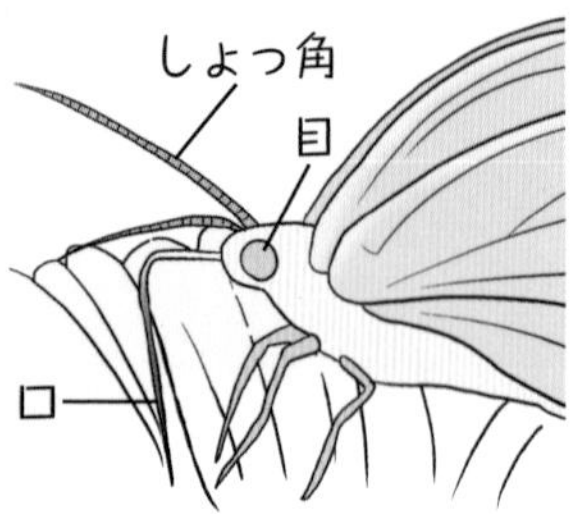

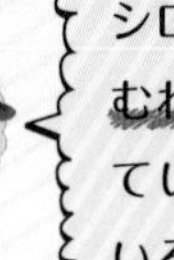

おぼえて！

そりゃあ，生き物だからな。モンシロチョウのように，からだが頭・むね・はらの３つの部分に分かれていて，むねにあしが6本ついている虫を**こん虫**というんだ。

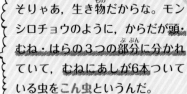

トンボやバッタもこん虫のなかまなのよ！

練習問題の答え　1イ　2大きくなっていく。　3ウ

 モンシロチョウのからだのつくりとして正しいものを，次(つぎ)のア～ウから１つえらびましょう。

ア 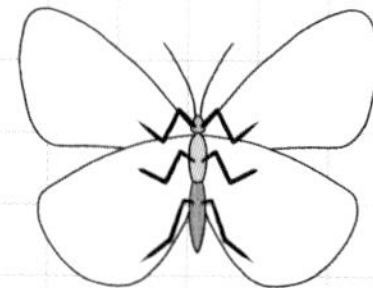

イ 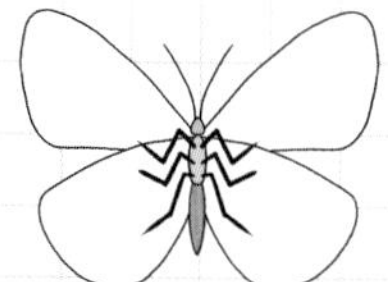

ウ 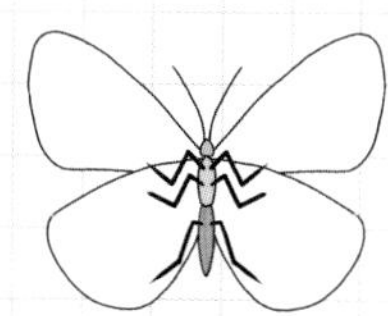

モンシロチョウのあしはどこについていたっけ？

頭・むね・はらのうち，１つの部分だけにあしがついているぞ！

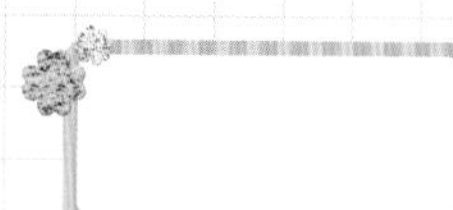

2 モンシロチョウのようなからだの分かれ方やあしのつき方をしているなかまを何といいますか。

3 モンシロチョウの頭のようすとして正しいものを，次のア～ウから１つえらびましょう。

ア はねがついている。　イ 口はない。

ウ しょっ角がついている。

これだけはおさえて！

モンシロチョウのからだは，頭・むね・はらの３つの部分に分かれていて，むねには６本のあしがついているよ！

からだがいくつに分かれているか，どこに何本のあしがついているか，おぼえておくこと！

こん虫の育ち方

こん虫のたまごが育(そだ)つようすをおさえよう。

これは，モンシロチョウの育ち方よ！

① さなぎになるこん虫

たまご → よう虫 → さなぎ → せい虫

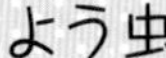

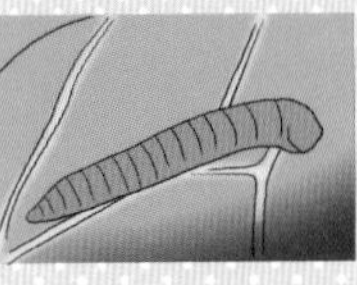
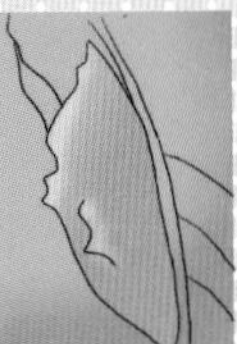
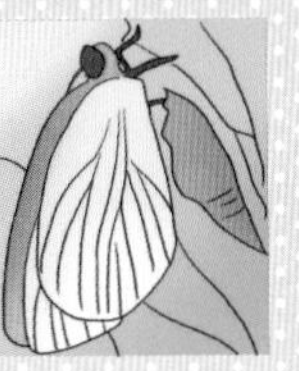

② さなぎにならないこん虫

たまご → よう虫 → せい虫

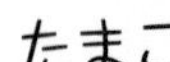

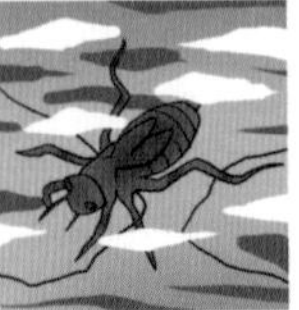

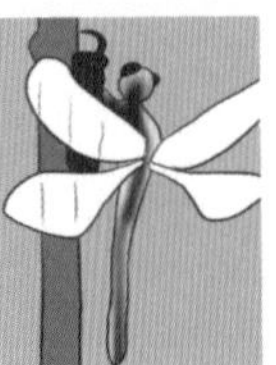

これはシオカラトンボの育ち方よ。たまごとよう虫は，水の中で育つのよ！

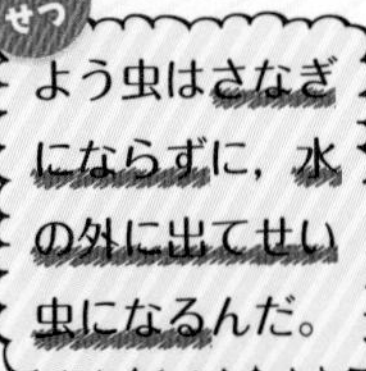

たいせつ

よう虫はさなぎにならずに，水の外に出てせい虫になるんだ。

練習問題の答え　1イ　2こん虫　3ウ

Let's TRY 練習問題

1 モンシロチョウのよう虫は，次にどのようなすがたになりますか。正しいものを，次のア～ウから１つえらびましょう。

ア
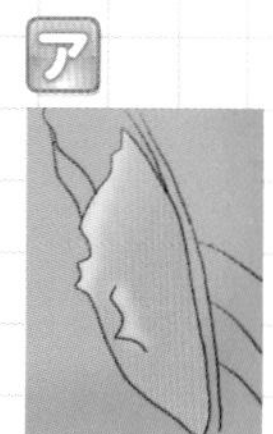

イ
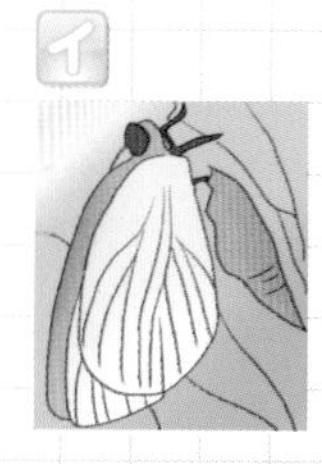

ウ

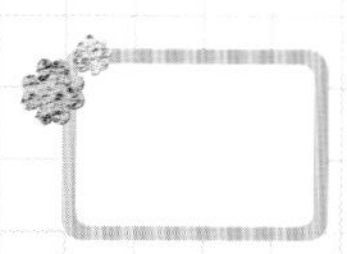

2 シオカラトンボのたまごがよく見られる場所として正しいものを，次のア～ウから１つえらびましょう。

ア 土の中　イ 水の中　ウ 高い木の上

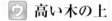

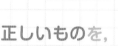

3 シオカラトンボが育つじゅん番として正しいものを，次のア～エから１つえらびましょう。

ア たまご→よう虫→せい虫

イ たまご→さなぎ→せい虫

ウ たまご→よう虫→さなぎ→せい虫

エ たまご→さなぎ→よう虫→せい虫

シオカラトンボは，モンシロチョウと同じような育ち方だったかな？

こん虫のからだのつくり

こん虫のからだのつくりをおさえよう。

①トンボのからだのつくり

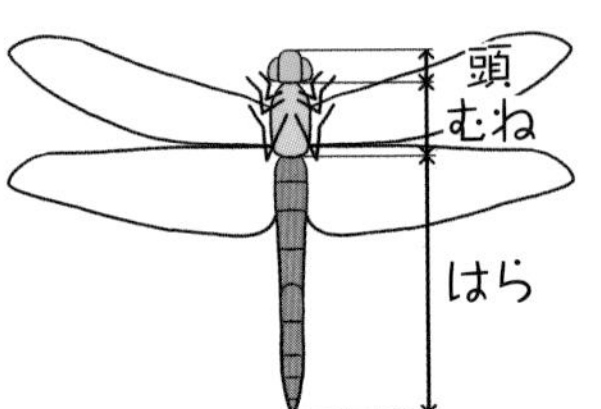

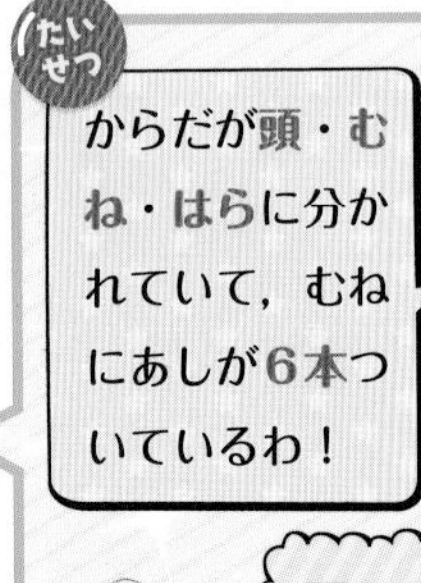

たいせつ

からだが**頭・むね・はら**に分かれていて，むねにあしが**6本**ついているわ！

頭には**目**，**口**，**しょっ角**があるぞ。

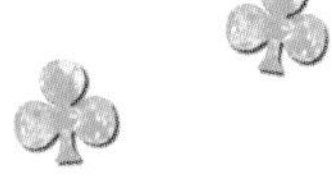

②バッタのからだのつくり

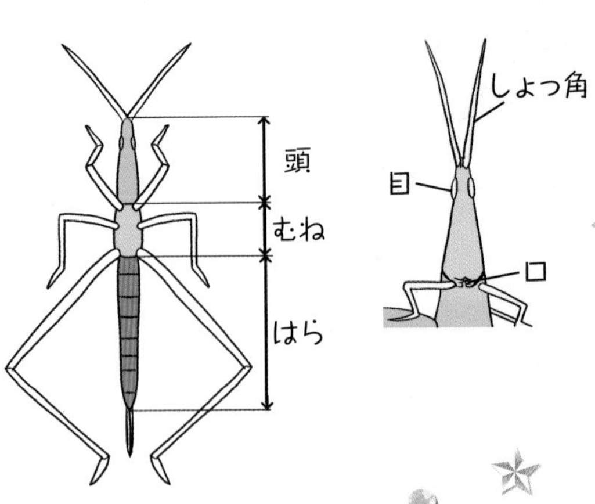

トンボと同じように，からだが頭・むね・はらに分かれていて，むねにはあしが6本ついているのね。頭には目，口，しょっ角があるのね。

こん虫のしゅるいはちがっていても，からだのつくりは同じなんだ。

練習問題の答え ①ア ②イ ③ア

1 シオカラトンボのからだのつくりとして正しいものを，次(つぎ)のア～ウから１つえらびましょう。

ア

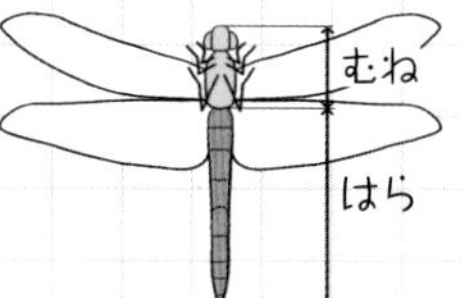

イ

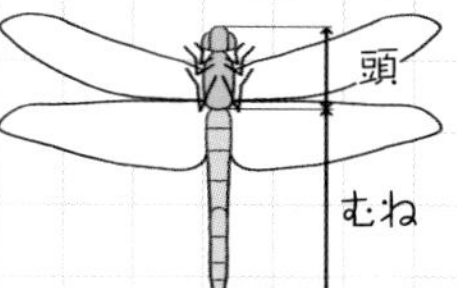

ウ

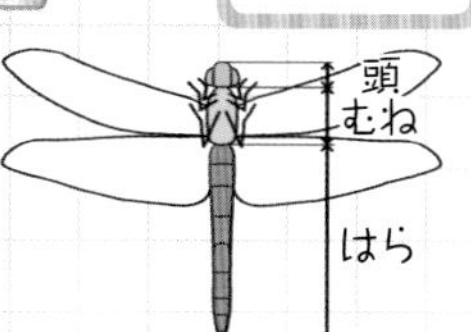

シオカラトンボのからだは，どのように分かれていたっけ？

トンボはこん虫のなかまだから，モンシロチョウのからだのつくりと同じなのよ！

2 バッタのあしの数は何本ですか。

本

3 バッタの頭のつくりとして正しいものを，次のア～ウから１つえらびましょう。

ア 目と口はあるが，しょっ角はない。

イ 目はあるが，口としょっ角はない。

ウ 目と口としょっ角がある。

これだけはおさえて！

トンボやバッタはモンシロチョウと同じように，からだが頭・むね・はらに分かれていて，むねには6本のあしがついているよ！

実(じっ)さいにトンボやバッタ，モンシロチョウをつかまえて見てみな！つかまえたあとは，にがしてあげよう。

植物のからだのつくり

植物のからだはどのようなつくりになっているのかをおさえよう。

①ホウセンカのからだのつくり

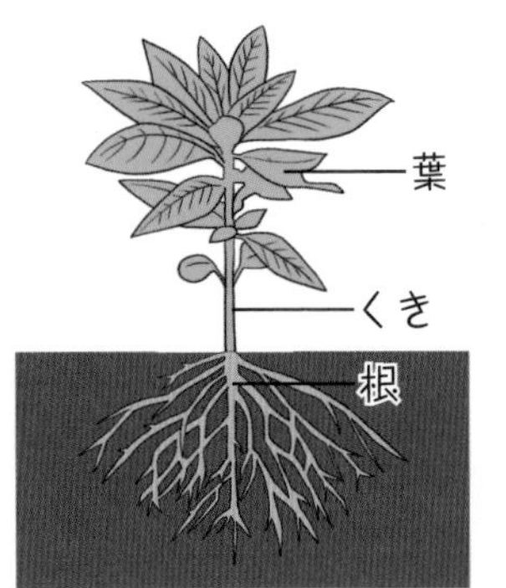

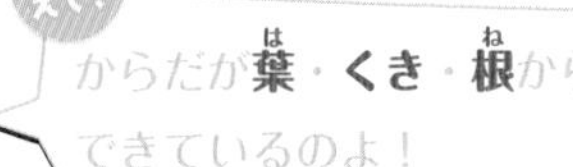

おぼえて！
からだが**葉**・**くき**・**根**からできているのよ！

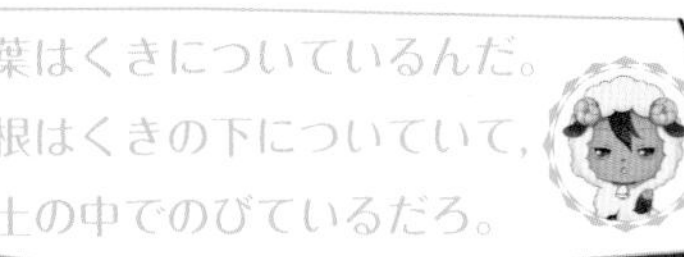

葉はくきについているんだ。根はくきの下についていて，土の中でのびているだろ。

②ヒマワリのからだのつくり

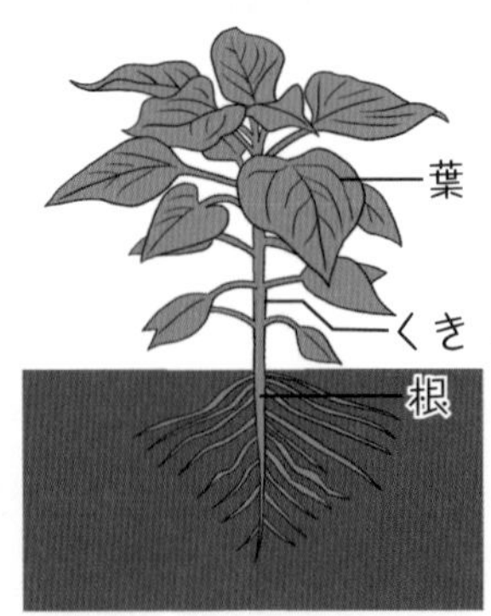

葉の大きさや形がホウセンカとはちがうのね。根の形もちがうんだね。

そうなんだ。でも，からだが葉・くき・根からできていることはホウセンカと同じだぞ。

練習問題の答え　1ウ　2 6（本）　3ウ

Let's TRY 練習問題

 ホウセンカのからだのつくりとして正しいものを，次のア～ウから１つえらびましょう。

ア

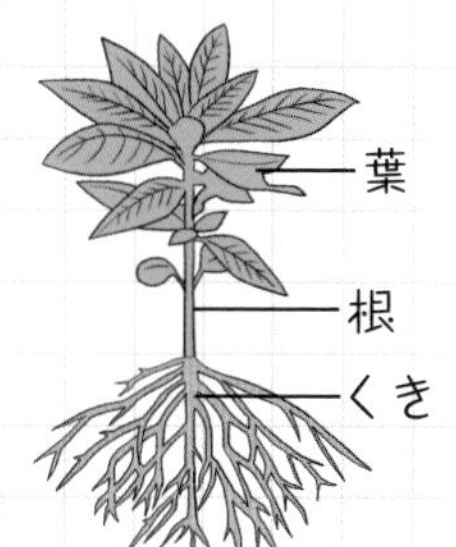

葉
根
くき

イ

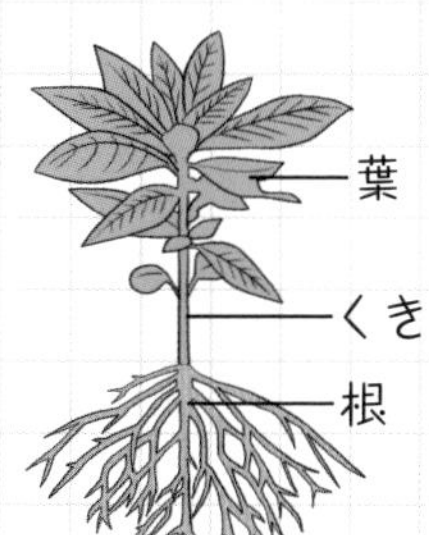

葉
くき
根

ウ

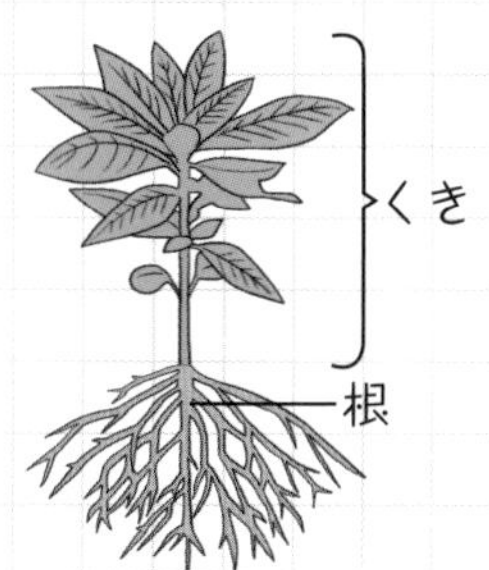

くき
根

ホウセンカのからだはどんなつくりになっていたかな？

ホウセンカのからだは，葉・くき・根からできているのよ！

② ホウセンカのからだのつくりとくらべたときの，ヒマワリのからだのつくりとして正しいものを，次のア～エから１つえらびましょう。

ア 葉の形はホウセンカと同じである。

イ 根の形はホウセンカと同じである。

ウ 葉がくきについているのはホウセンカと同じである。

エ 根が葉についているのはホウセンカと同じである。

8 ゴムのはたらき

のばしたゴムのはたらきをおさえよう。

①ゴムで動く車

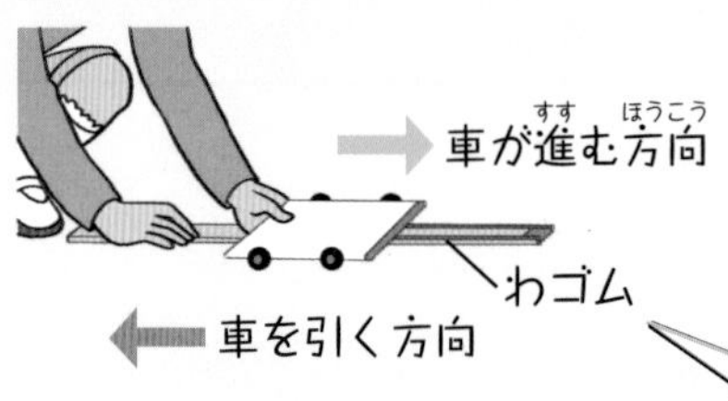

定ぎにつけたわゴムを車にかけて車をうしろに引き，車を持っている手をはなすと車が進むのよ！

わゴムをのばすと，もとの形にもどろうとする力がはたらいて，物を動かすことができるんだ。

②ゴムをのばす長さをかえる

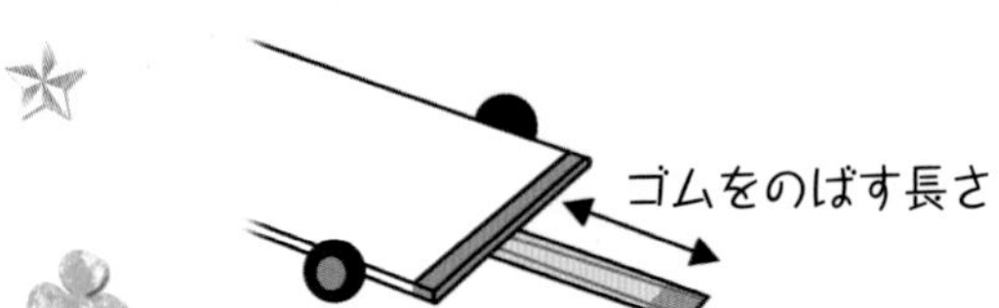

リク先生，わゴムをのばす長さをかえると，車が進むきょりはかわるの？

たいせつ

わゴムを長くのばすほど，車が進むきょりは長くなるぞ。これは，のばしたわゴムがもとにもどろうとする力が大きくなるからなんだ。

	10cmのばしたとき	20cmのばしたとき
1回目	3m10cm	6m80cm
2回目	3m60cm	7m20cm
3回目	2m90cm	7m10cm

Let's TRY 練習問題

1 右の図のように，車を引いてわゴムをのばし，車から手をはなすと車が進むのはなぜですか。正しいものを，次のア～ウから1つえらびましょう。

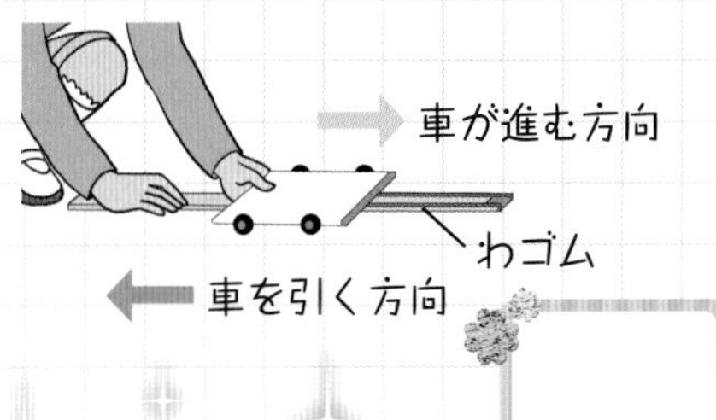

ア わゴムにもとの形にもどろうとする力がはたらくから。

イ わゴムに車をおす力がはたらくから。

ウ わゴムにもっとのびようとする力がはたらくから。

2 右の図で，わゴムをのばす長さをかえると，車が進むきょりはどのようになりますか。正しいものを，次のア～ウから1つえらびましょう。

ア わゴムをのばす長さが短いほうが，遠くまで進む。

イ わゴムをのばす長さが長いほうが，遠くまで進む。

ウ わゴムをのばす長さをかえても，車が進むきょりはかわらない。

わゴムをのばす長さをかえると，車の進み方はどうなるんだっけ？

カグヤ～，もうわすれたのか？車が進むきょりも…。あとは自分で考えて。

風のはたらき

風の強さをかえたときの風のはたらきをおさえよう。

①風で動く車

風を受けるところ

車が進む方向

タイヤ

車に風を受けるところをつけて，そこに風を当てるのよ！

風には物を動かす力があるから，風が当たると車が進むんだ。

車に当てる風の強さをかえると，車が進むきょりはかわるのかな？

②風の強さをかえる

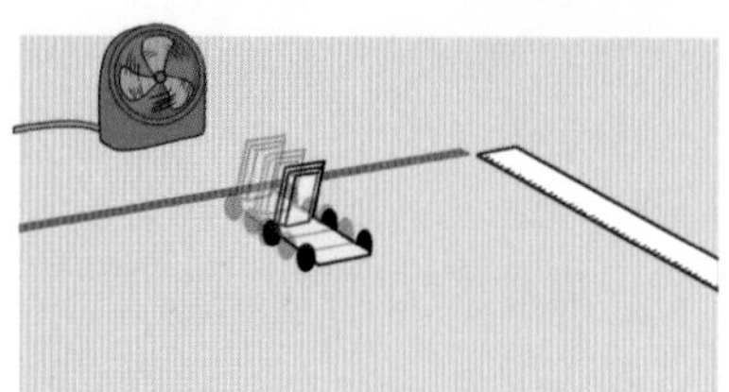

たいせつ

風が弱いときよりも強いときのほうが，ものを動かす力が大きくなるから，車は遠くまで進むんだ。風が強い日に自分がふきとばされそうになることはないか？

	弱い風のとき	強い風のとき
1回目	3m10cm	5m80cm
2回目	3m50cm	6m10cm
3回目	2m40cm	6m20cm

ない!!

練習問題の答え 1ア 2イ

1 車に風を当てたときの**車の進み方**として**正しいもの**を，次の ア ～ ウ から**1つ**えらびましょう。

風を当てる方向

車が進む方向

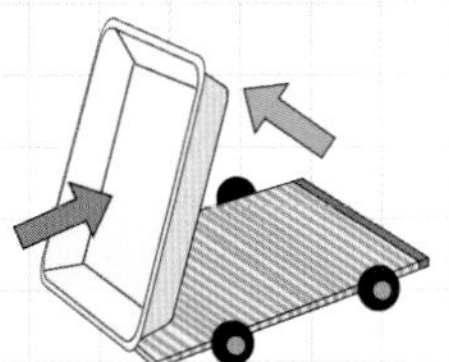

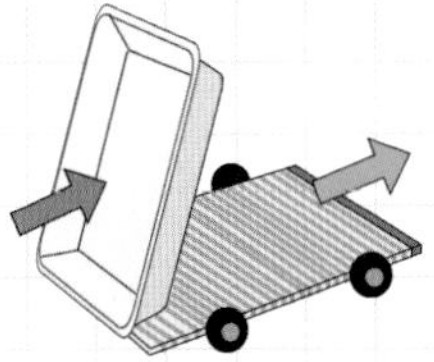

車に風を当てると，車はどの方向に進むのかな～？

風を当てた向きと同じ向きに車は進むのよ！

2 右の図で，車に当てる**風の強さを強く**すると，**車が進むきょり**はどのようになりますか。

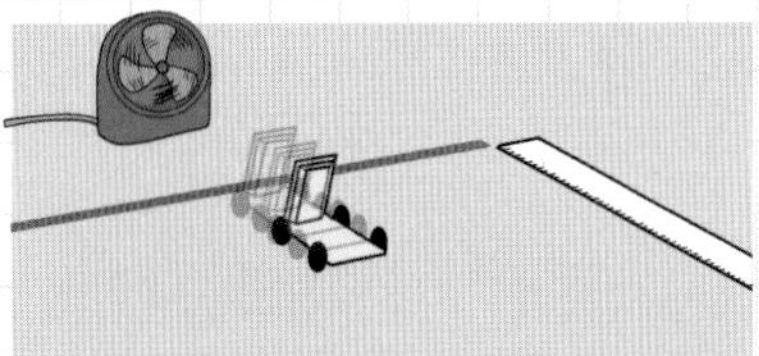

これだけはおさえて！

車に当てる風の強さが弱いときよりも強いときのほうが，風が物を動かす力が大きくなるよ！

風が強い日に，かさがとんでいったり，はち植えがたおれたりしたことはないか？ふだんの生活でも風について学べるぞ。

10 植物の花と実

植物の花がさいたあとのようすをおさえよう。

① ホウセンカの花

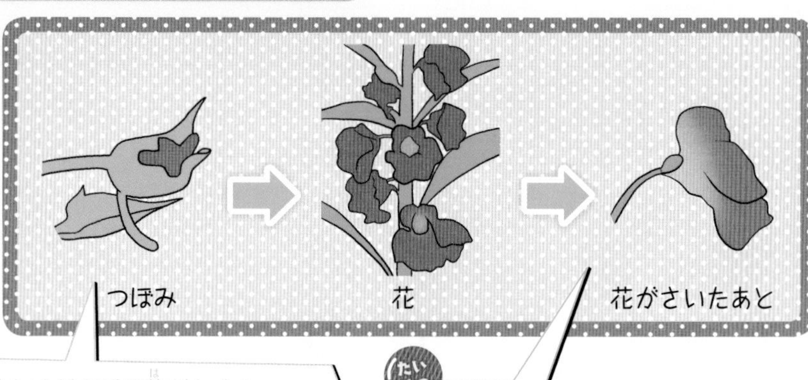

草たけがのびて葉がたくさんしげってくると，やがて**つぼみ**ができるのよ！

たいせつ
つぼみがふくらむと花がさいて，花がさいたあとには**実**ができているぞ。

② ホウセンカの実

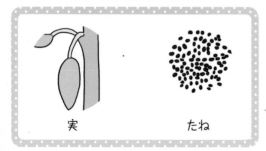

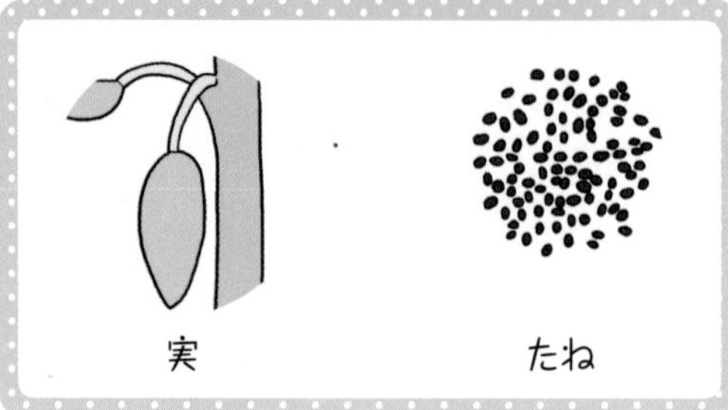

実
たね

ホウセンカの実はつぼみとにているのね。
実の中には**たね**が入っていて，やがて実はかれてしまうんだ。

練習問題の答え 1ウ　2長くなる。

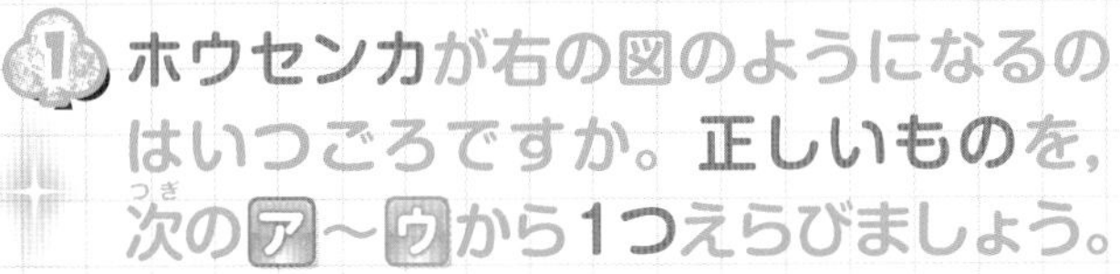

1 ホウセンカが右の図のようになるのはいつごろですか。正しいものを，次のア～ウから1つえらびましょう。

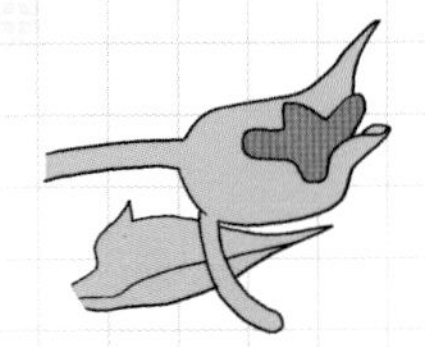

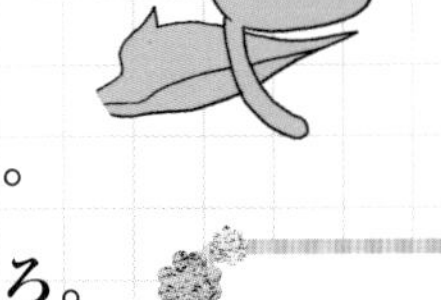

ア 草たけはのびてきたが，葉の数が少ないころ。

イ 草たけがのびて葉がたくさんしげってきたころ。

ウ 草たけが短くて，葉の数が少ないころ。

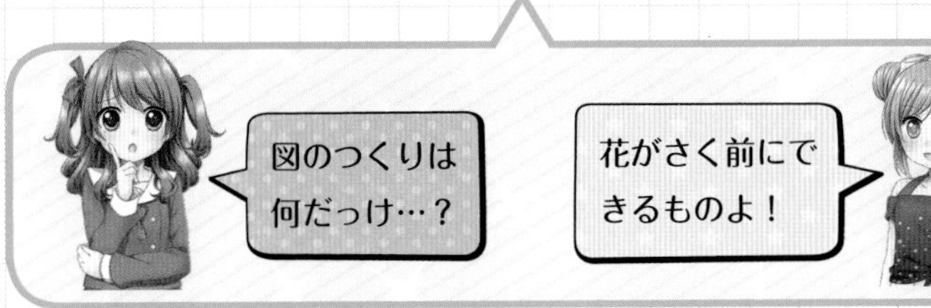

図のつくりは何だっけ…？
花がさく前にできるものよ！

2 ホウセンカの実は，どのようなところにできますか。正しいものを，次のア～ウから１つえらびましょう。

ア 花がさいていたところ。

イ 葉が出ていたところ。

ウ 根が太くなっているところ。

3 ホウセンカの実の中に入っているものとして正しいものを，次のア～ウから１つえらびましょう。

ア 葉

イ 花びら

ウ たね

太陽の動きとかげ

太陽の動きがかわるとかげがどのようになるのかをおさえよう。

① かげのでき方と太陽の動き方

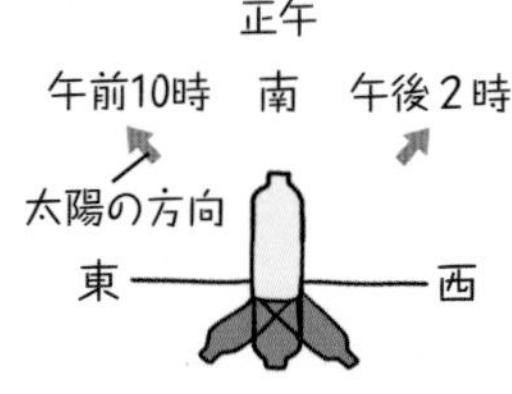

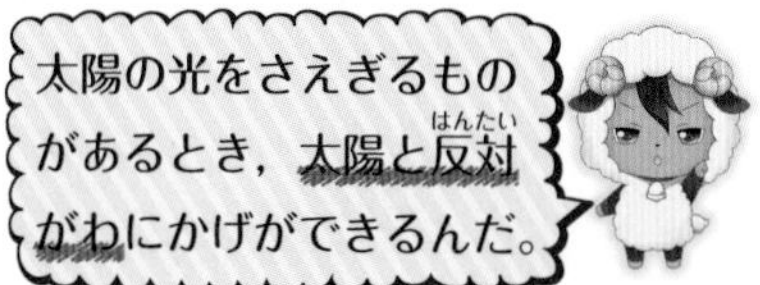

太陽の光をさえぎるものがあるとき，太陽と反対がわにかげができるんだ。

たいせつ

時間がたつとかげは西から北，さらに東へ動くの！これは，太陽が東から南，さらに西へと動くからなのよ。

② 日なたと日かげの温度

地面をさわる

温度をはかる

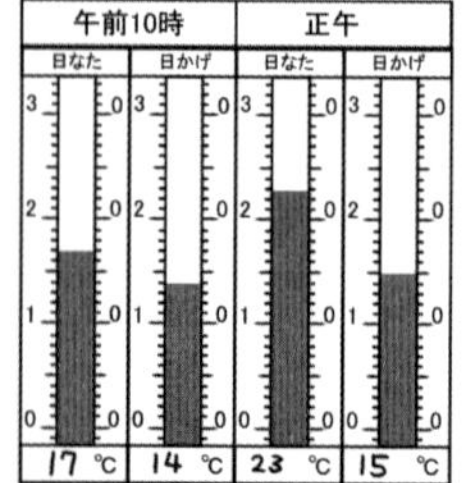

午前10時		正午	
日なた	日かげ	日なた	日かげ
17 ℃	14 ℃	23 ℃	15 ℃

日なたはあたたかく，かわいていて，日かげはつめたくしめっているんだ。

練習問題の答え 1イ 2ア 3ウ

Let's TRY 練習問題

1 かげができる向きとして正しいものを，次の ア ～ ウ から１つえらびましょう。

ア いろいろな向きにできる。

イ 太陽と同じ向きにできる。

ウ 太陽と反対がわにできる。

2 時間がたったときのかげの動き方として正しいものを，次の ア ～ ウ から１つえらびましょう。

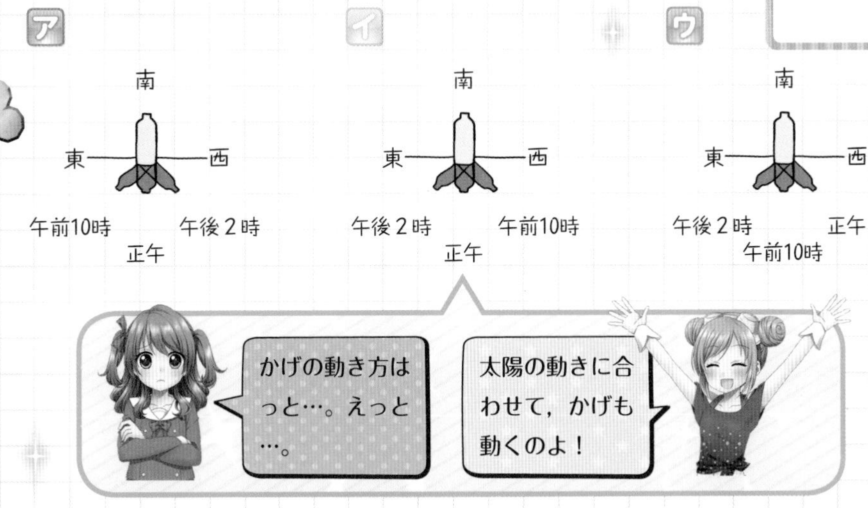

3 日なたの地面と日かげの地面のあたたかさとして正しいものを，次の ア ～ エ から１つえらびましょう。

ア 日なたより日かげの地面のほうがあたたかい。

イ 日なたより日かげの地面のほうがつめたい。

ウ 日なたの地面も日かげの地面も，同じくらいあたたかい。

エ 日なたの地面も日かげの地面も，同じくらいつめたい。

はね返した光のせいしつ

太陽の光をかがみではね返したときのようすについておさえよう。

① はね返した日光

光の進み方

明るさとあたたかさ

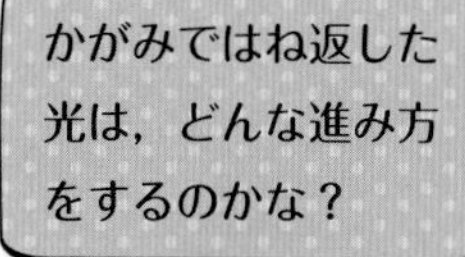

かがみではね返した光は，どんな進み方をするのかな？

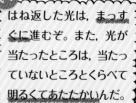

たいせつ

はね返した光は，まっすぐに進むぞ。また，光が当たったところは，当たっていないところとくらべて明るくてあたたかいんだ。

② かがみではね返した日光を集める

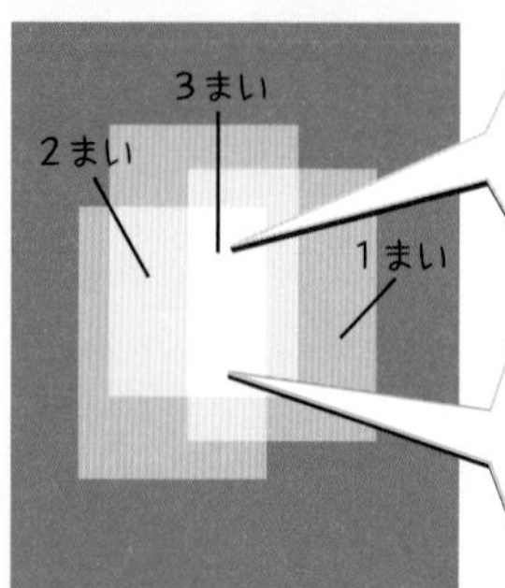

3まいのかがみで日光を集めたところが，いちばん明るいわ。

かがみで光をたくさん集めるほど，光が当たっているところは明るく，あたたかくなるぞ。

Let's TRY 練習問題

かがみで日光をはね返したときの**光の進み方**として**正しいもの**を，次のア～ウから**1つ**えらびましょう。

ア

イ

ウ

2 かがみではね返した日光が当たっていないところとくらべたときの，日光が当たっているところの**明るさ**と**あたたかさ**として**正しいもの**を，次のア～ウから**1つ**えらびましょう。

ア 明るくてあたたかい。
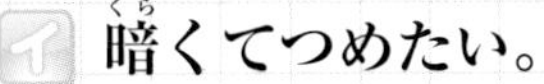
イ 暗くてつめたい。
ウ 暗くてあたたかい。

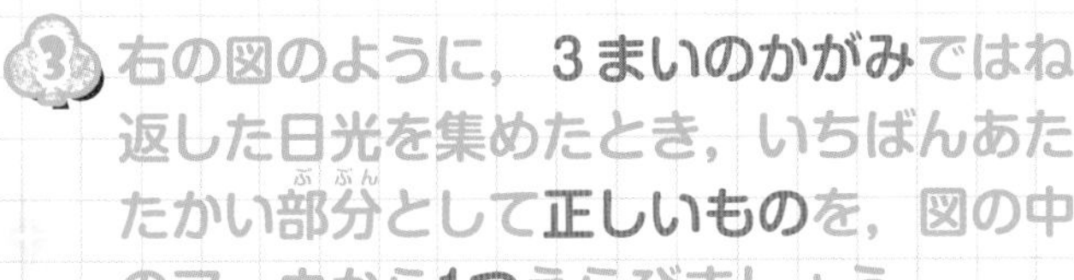
3 右の図のように，**3まいのかがみ**ではね返した日光を集めたとき，いちばんあたたかい部分として**正しいもの**を，図の中のア～ウから**1つ**えらびましょう。

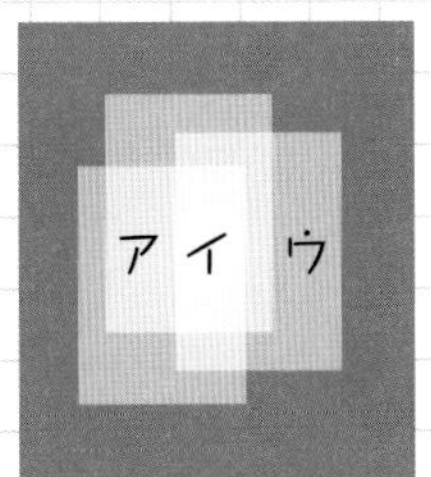

どこがいちばんあたたかいのかって？そんなの決まってるよね！

そうね！光が多く集まっているところが，あたたかくなるのよね！

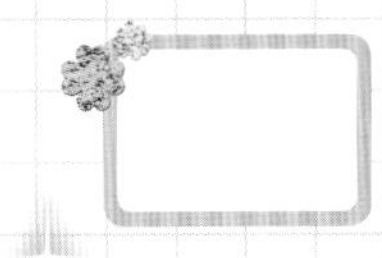

光の集め方

虫めがねを使った光の集め方をおさえよう。

黒い紙を太陽の方向に向けておき，紙の前で虫めがねを持つと，明るい部分ができるのはなんでだろう？

虫めがねを使うと，日光を集めることができるからなんだ。明るい部分には日光が集まっているんだぞ。

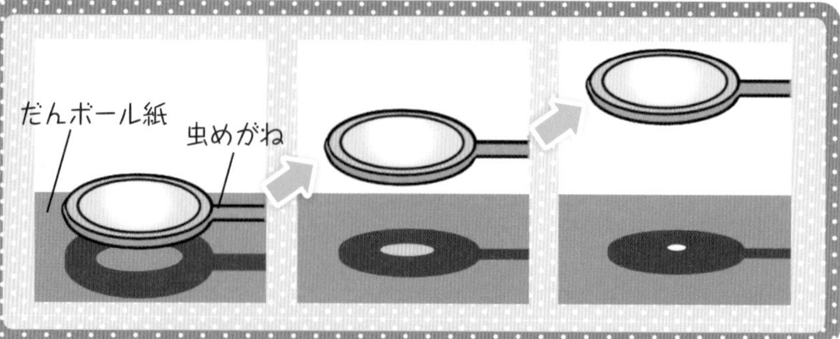

虫めがねをだんボール紙から遠ざけたり近づけたりすると，明るい部分の大きさがかわるのよ！

たいせつ

明るい部分が小さいほど，明るくあたたかくなるぞ。こげてしまうこともあるんだ。

練習問題の答え　1ウ　2ア　3イ

Let's TRY 練習問題

1 黒い紙を太陽の方向に向けておき，紙の前で虫めがねを持つと，明るい部分ができるのはなぜですか。正しいものを，次の ア 〜 エ から１つえらびましょう。

ア 虫めがねは，日光をはね返すことができるから。

イ 虫めがねは，日光を集めることができるから。

ウ 黒い紙は，日光の強さを弱くすることができるから。

エ 黒い紙は，日光の強さを強くすることができるから。

黒い紙に明るい部分ができるのは，太陽の光が集まっているからでしょ！

2 だんボール紙の上で虫めがねを持ったとき，明るい部分がいちばんあつくなるものとして正しいものを，次の ア 〜 ウ から１つえらびましょう。

ア 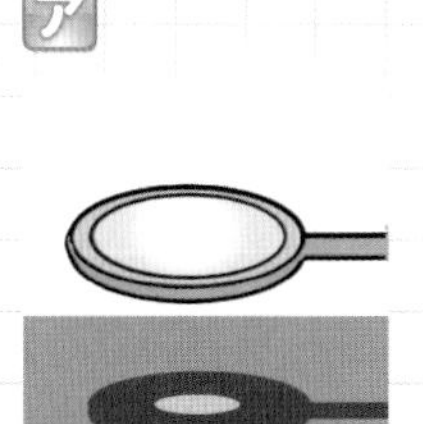

イ 

ウ 

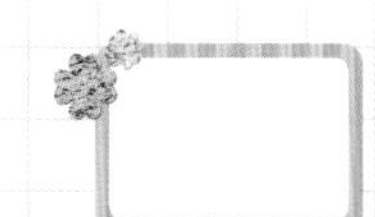

これだけはおさえて！

虫めがねで光を集めたとき，
明るい部分が小さいほど，明るく
あたたかくなるよ。

目をいためるから，虫めがねで太陽を見ないように！

音のせいしつ

音のつたわり方と，音の大きさと物のふるえ方のかんけいをおさえよう。

糸電話の糸をピンとはって話すと，声が聞こえるのはなんでだろう？

たいせつ

糸が音をつたえているからだ。ピンとはっている糸を指でつまむと声が聞こえなくなるだろ。

音を出している物はふるえているのよ。たいこをたたくと，たいこがふるえているのがわかるわ。

音の大きさ	物のふるえ方
音が小さい	ふるえ方が小さい
音が大きい	ふるえ方が大きい

強くたたくと大きな音が出て，ふるえ方も大きくなるぞ。

練習問題の答え 1イ 2イ

Let's TRY 練習問題

1 糸電話で，音をつたえている物は何ですか。正しいものを，次のア～ウから１つえらびましょう。

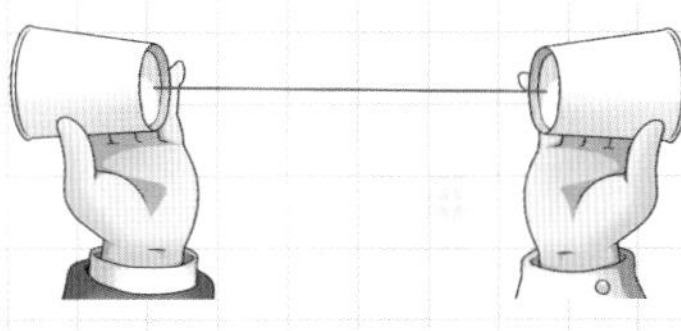

ア 紙コップ　イ 糸　ウ 手

2 糸電話で話しているときに，ピンとはっている糸を指でつまむと，聞こえ方はどのようになりますか。正しいものを，次のア～ウから１つえらびましょう。

ア 音が聞こえなくなる。

イ 音が大きくなる。

ウ 聞こえ方はかわらない。

3 音が大きいほど，音を出している物のふるえ方は，どのようになりますか。正しいものを，次のア～ウから１つえらびましょう。

ア 小さくなる。

イ 大きくなる。

ウ かわらない。

たいこを強くたたくと，大きな音が出るのよね。強くたたくと，ふるえ方はどうなるかな？

15 物の重さ

形やしゅるいがちがうときの物の重さをおさえよう。

① 物の重さと形

リク先生，四角いねん土の形を丸くしたり平らにしたり，小さく分けたりすると，重さはかわるのかな？

ねん土の形をかえて重さをはかると，すべて形をかえる前と同じ300gだったから，形をかえても重さはかわらないことがわかるね。

② 物の重さとしゅるい

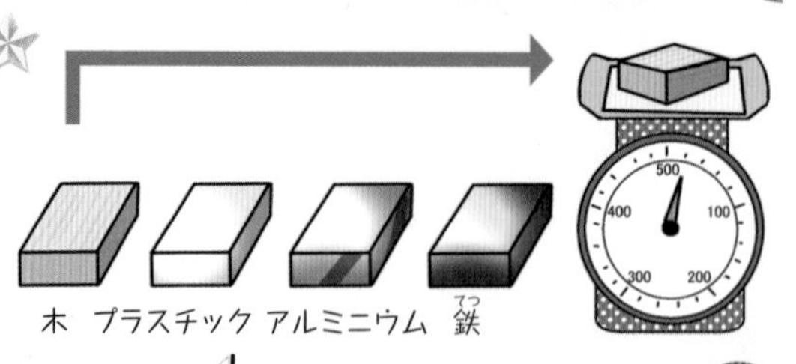

物のしゅるい	重さ
木	20g
プラスチック	46g
アルミニウム	112g
鉄	323g

同じ体積の木，プラスチック，アルミニウム，鉄でできたおもりの重さをはかるわよ！

体積が同じでも，物のしゅるいがちがうと重さがちがうんだぞ。

練習問題の答え 1イ 2ア 3イ

Let's TRY 練習問題

1 右の図のような四角い形の**ねん土**を次(つぎ)のア～エのような形にかえて重さをはかりました。いちばん重いものとして**正しいもの**を，次のア～エから**1つ**えらびましょう。重さがすべて同じであれば「同じ」と書きましょう。

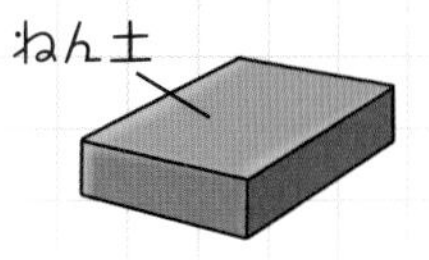

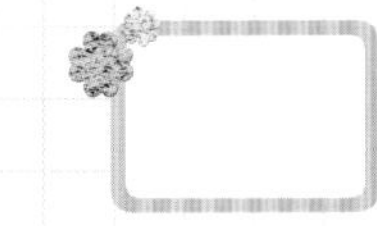

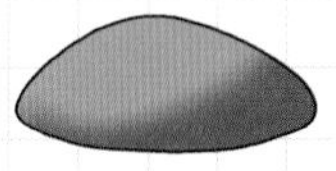

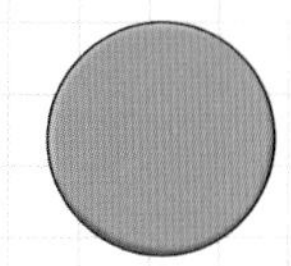

2 **同じ体積**の木，アルミニウム，プラスチック，ゴムでできたおもりをはかりにのせると，**重さ**は右の表(ひょう)のようになりました。同じ体積でくらべたときの重さとして**正しいもの**を，次のア～ウから**1つ**えらびましょう。

物のしゅるい	重さ
木	15 g
アルミニウム	108 g
プラスチック	31 g
ゴム	59 g

物のしゅるいがちがうと，体積が同じでも重さはちがうよ！

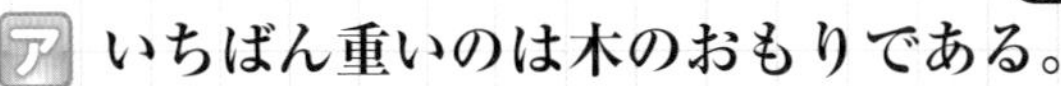

ア いちばん重いのは木のおもりである。

イ 2番目に重いのはゴムのおもりである。

ウ いちばん軽(かる)いのはプラスチックのおもりである。

電気の通り道

豆電球に明かりがつくつなぎ方をおさえよう。

① 豆電球とかん電池のつなぎ方

おぼえて！

かん電池の＋きょく，豆電球，かん電池の－きょくを1つのわのようにつなげば明かりがつくぞ。このときの電気の通り道を**回路**というんだ。

② 電気を通す物

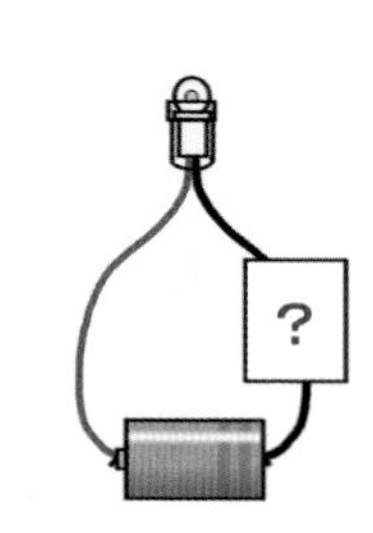

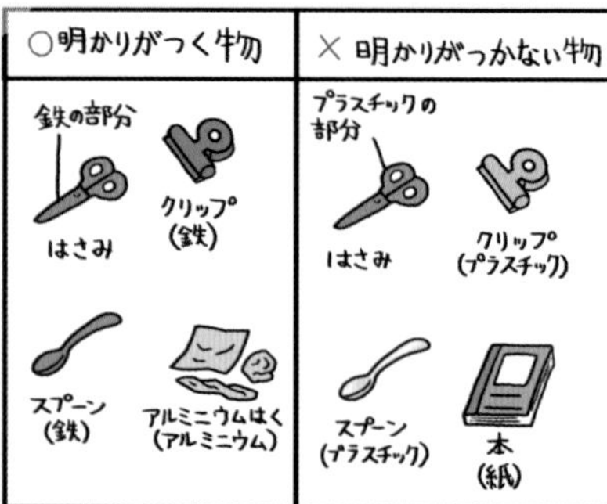

○明かりがつく物	× 明かりがつかない物
鉄の部分 はさみ	プラスチックの部分 はさみ
クリップ（鉄）	クリップ（プラスチック）
スプーン（鉄）	スプーン（プラスチック）
アルミニウムはく（アルミニウム）	本（紙）

どう線がはなれている「?」の部分にいろいろな物をはさんだとき，明かりがつく物は電気を通す物とわかるわね！

明かりがつく物は鉄やアルミニウム，銅でできていて，これらを**金ぞく**というぞ。明かりがつかない物はプラスチックや紙，木などでできていて，これらは金ぞくではないんだ。

練習問題の答え 1同じ 2イ

Let's TRY 練習問題

1 豆電球に明かりがつくつなぎ方として正しいものを，次（つぎ）のア～エから１つえらびましょう。

ア

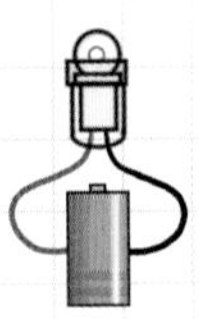

イ

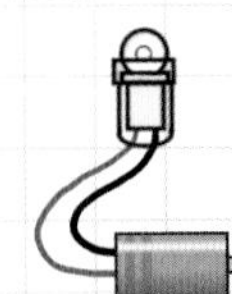

ウ

エ

豆電球に明かりがつくようにするには，どんなつなぎ方をするんだっけ？

かん電池の＋きょくと－きょくにどう線をつなげると明かりがつくね！

2 電気の通り道を何といいますか。

3 右の図のように，どう線がはなれている部分に次のア～エの物をはさみました。豆電球の明かりがつく物として正しいものを，次のア～エから１つえらびましょう。

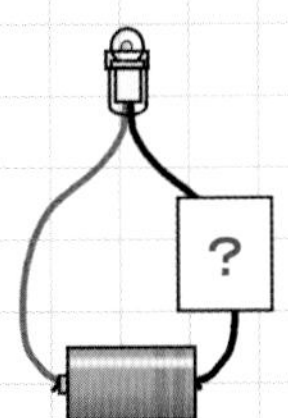
?

ア ノートの紙の部分

イ はさみのプラスチックの部分

ウ 10円玉(銅)

エ えん筆（ぴつ）の木の部分

じしゃくにつく物

じしゃくにつく物についておさえよう。

①じしゃくにつく物

じしゃくにつく物

じしゃくにつかない物

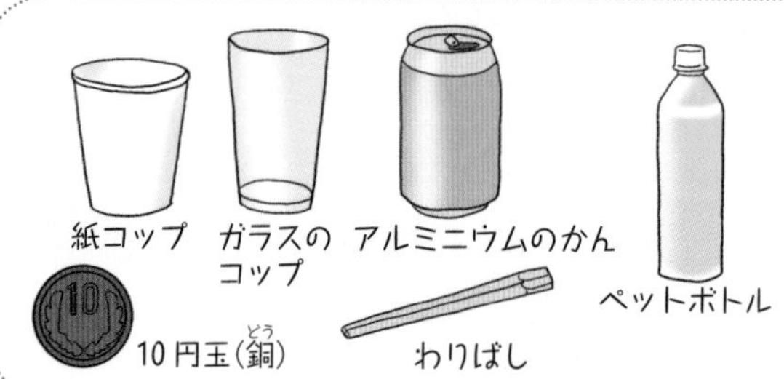

たいせつ　鉄でできた物は，じしゃくにつくんだ。銅やアルミニウムなどの金ぞくや，紙，ガラスなどの金ぞくではない物は，じしゃくにつかないぞ。

②じしゃくの力

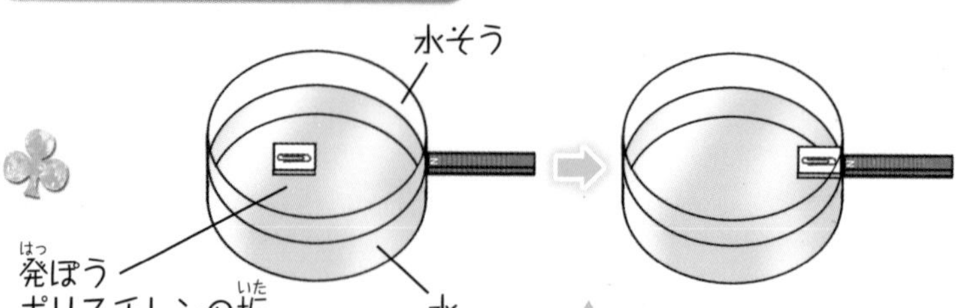

じしゃくは，はなれたところにある鉄も引きつけるから，水にうかべたクリップがじしゃくに近づいたのね！

じしゃくと鉄の間に紙のようなじしゃくにつかない物をはさんでも，鉄はじしゃくにつくんだ。

練習問題の答え　①エ　②回路　③ウ

1 じしゃくにつく物として正しいものを，次の ア ～ エ から1つえらびましょう。

ア 木の定ぎ

イ はさみの鉄の部分

ウ 10円玉（銅）

エ ガラスのコップ

金ぞくはすべてじしゃくにつくんだっけ？

すべての金ぞくがじしゃくにつくわけではないのよ！そこがややこしいところね！！

2 右の図のように，鉄のクリップを水にうかべて，水そうの外からじしゃくを近づけたときのクリップのようすとして正しいものを，次の ア ～ ウ から1つえらびましょう。

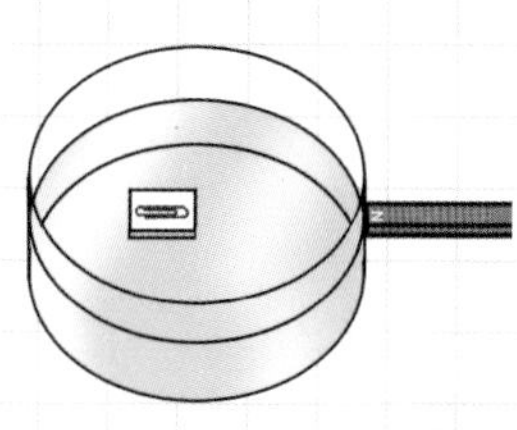

ア クリップが水そうの中を回転する。

イ クリップがじしゃくからはなれていく。

ウ クリップがじしゃくに近づいていく。

これだけはおさえて！

金ぞくのうち，鉄はじしゃくにつくよ。銅やアルミニウムなどの金ぞくは，じしゃくにつかないよ。

じしゃくにつく物とつかない物，スッキリさせるために自分でノートにまとめてみてもいいな！

18 じしゃくのせいしつ

じしゃくのきょくについておさえよう。

① 2つのじしゃくのきょくを近づけると

同じきょくどうし

しりぞけ合う

しりぞけ合う

ちがうきょくどうし

引き合う

じしゃくのはしの部分(ぶぶん)はきょくといって，鉄(てつ)を強く引きつけるのよ！

おぼえて！ S(エス)きょくとSきょく，N(エヌ)きょくとNきょくのように，同じきょくどうしを近づけるとしりぞけ合い，ちがうきょくどうしを近づけると引き合うんだ。

② じしゃくに鉄をつけると

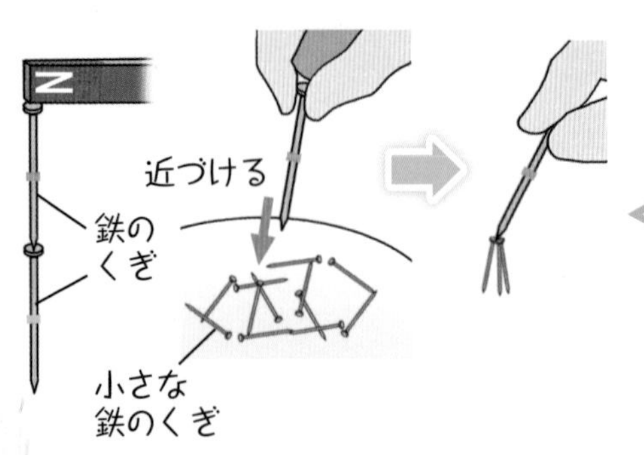

じしゃくに鉄のくぎをつけてから，しずかにはなし，小さな鉄のくぎに近づけると小さな鉄のくぎを引きつけるわ。

じしゃくについた鉄は，じしゃくになるんだぞ。

 練習問題の答え 1イ 2ウ

Let's TRY 練習問題

1 右の図のように，鉄を強く引きつけるじしゃくのはしの部分を何といいますか。

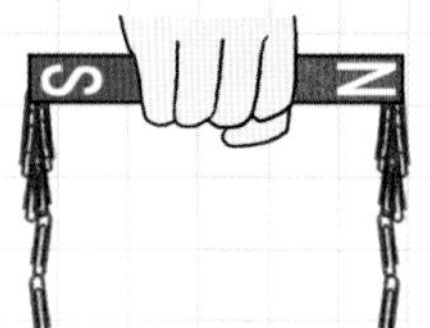

2 2つのじしゃくを近づけたときのようすとして正しいものを，次の[ア]～[エ]から1つえらびましょう。

[ア]

[イ]
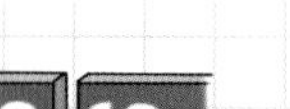

[ウ]

[エ]

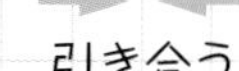

3 右の図のように，じしゃくにあといの鉄のくぎをつないでつけたあと，しずかにはなし，あの鉄のくぎを小さな鉄のくぎに近づけました。このときのようすとして正しいものを，次の[ア]～[ウ]から1つえらびましょう。

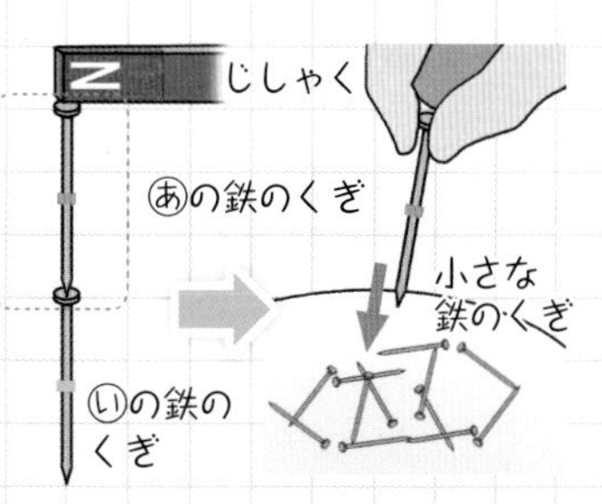

[ア] 小さな鉄のくぎが引きつけられる。

[イ] 小さな鉄のくぎがはなれていく。

[ウ] 小さな鉄のくぎは動かない。

じしゃくにつけた鉄はじしゃくになるのよ！

おさえておこう！ ポイントまとめ

重要なポイントをまとめたぞ。

ポイント1 ホウセンカのめが出たあとのようす

2でやったよ！

ポイント2 モンシロチョウの育ち方

3 5でやったよ！

たまご → よう虫 → さなぎ → せい虫

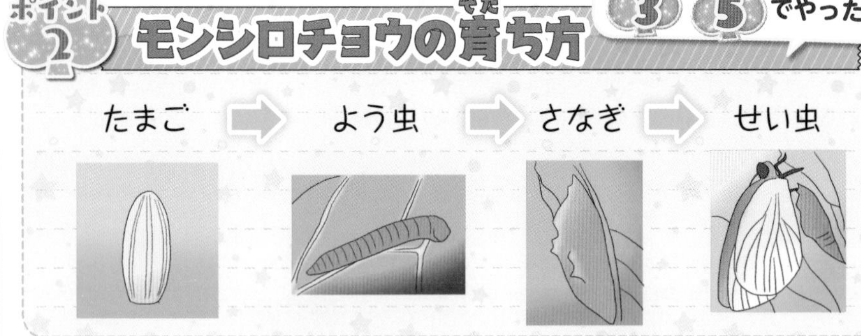

ポイント3 シオカラトンボの育ち方

5でやったよ！

トンボは，さなぎにならないのね！

たまご → よう虫 → せい虫

練習問題の答え 1きょく 2エ 3ア

ポイント4 電気を通す物（もの）

16でやったよ！

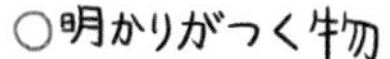
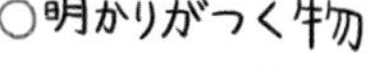

○明かりがつく物	×明かりがつかない物
  鉄の部分 はさみ  クリップ（鉄）	 プラスチックの部分 はさみ  クリップ（プラスチック）
 スプーン（鉄）  アルミニウムはく（アルミニウム）	 スプーン（プラスチック）  本（紙）

鉄（てつ），銅（どう），アルミニウムでできている物は電気を通すのよね。

鉄，銅，アルミニウムを金ぞくというんだったな。

ポイント5 じしゃくにつく物

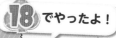

じしゃくにつく物

画びょう

鉄のクリップ

鉄のかん

じしゃくにつかない物

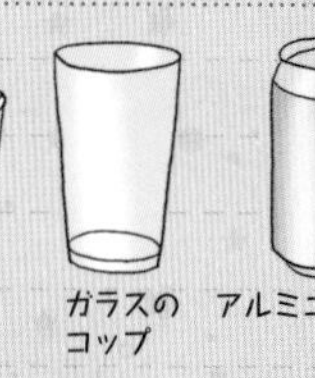
紙コップ

ガラスのコップ

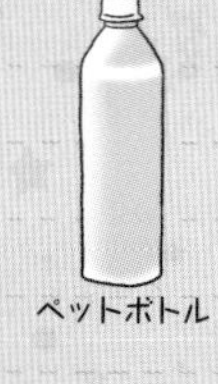
アルミニウムのかん

ペットボトル

10円玉（銅）

わりばし

ポイント6 じしゃくのせいしつ

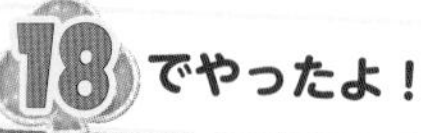

しりぞけ合う

しりぞけ合う

引き合う

じしゃくは，ちがうきょくどうしを近づけると引き合うんだ。

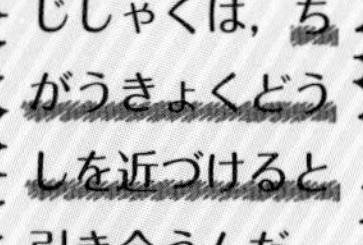

チェックテスト【理科】

⇒答えと解説は P.197

□ ① 手に持(も)った花をかんさつするとき，虫めがねの使(つか)い方として正しいものを，次(つぎ)の㋐～㋓から1つえらびましょう。

ふく習P72

㋐ 虫めがねを目からはなして持ち，虫めがねを動(うご)かす。

㋑ 虫めがねを目からはなして持ち，花を動かす。

㋒ 虫めがねを目に近づけて持ち，虫めがねとからだを動かす。

㋓ 虫めがねを目に近づけて持ち，花を動かす。

見たいものが動かせるときの虫めがねの使い方ね。

□ ② モンシロチョウは，たまごからどのようなじゅんで育(そだ)ちますか。次の㋐～㋒を育つじゅんにならべましょう。

ふく習P76

㋐ ㋑ ㋒

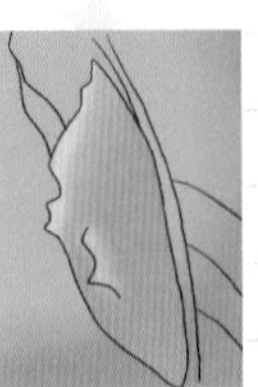

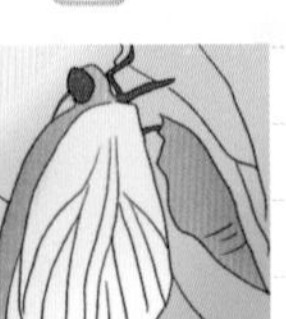

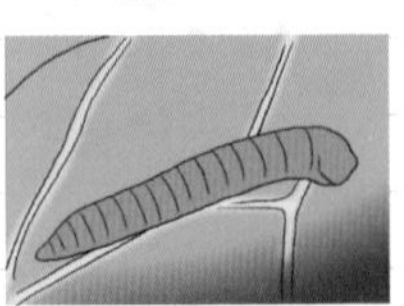

たまご→ 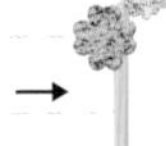 → □ → 

□ ③ バッタのあしは，からだのどの部分(ぶぶん)についていますか。

ふく習P82

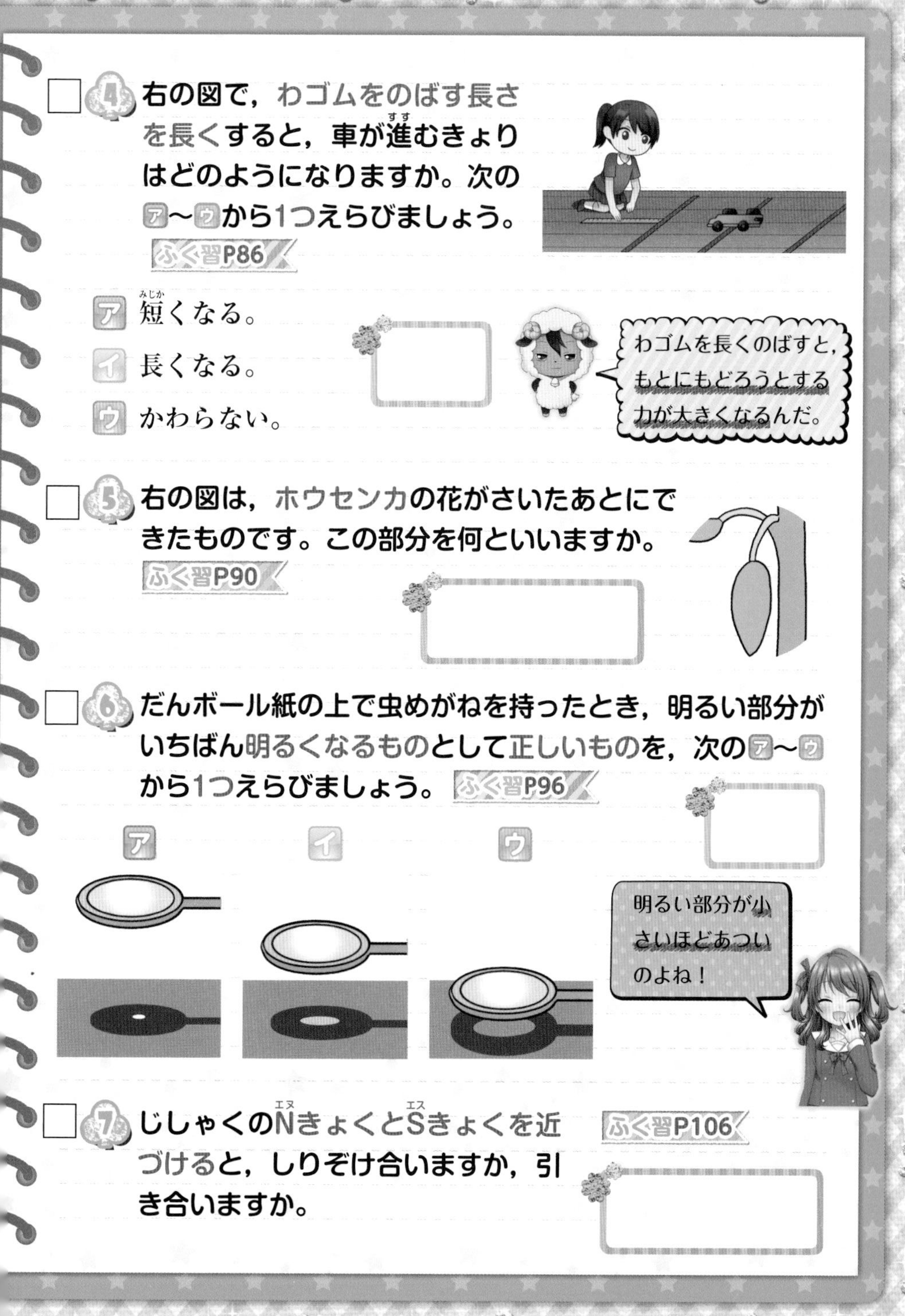

4 右の図で，わゴムをのばす長さを長くすると，車が進むきょりはどのようになりますか。次のア～ウから1つえらびましょう。 ふく習P86

ア 短くなる。

イ 長くなる。

ウ かわらない。

わゴムを長くのばすと，もとにもどろうとする力が大きくなるんだ。

5 右の図は，ホウセンカの花がさいたあとにできたものです。この部分を何といいますか。 ふく習P90

6 だんボール紙の上で虫めがねを持ったとき，明るい部分がいちばん明るくなるものとして正しいものを，次のア～ウから1つえらびましょう。 ふく習P96

ア　イ　ウ

明るい部分が小さいほどあついのよね！

7 じしゃくのNきょくとSきょくを近づけると，しりぞけ合いますか，引き合いますか。 ふく習P106

プチ体けい

いろいろな形の花びら

サクラのように中心から外に丸く広がる花のほかにも，おもしろい形をした花もあるんだ。

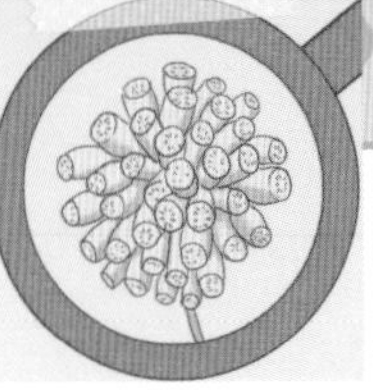

♣なまえ
ハハコグサ
♣生えているところ
日当たりのよい道ばた
♣特ちょう
黄色の小さな花がたくさん集(あつ)まって1つの花に見える。

♣なまえ　ヒメオドリコソウ
♣生えているところ
田畑や道ばた
♣特ちょう　花びらはむらさき色で，くちびるのような形をしている。

♣なまえ　カラスノエンドウ
♣生えているところ
日当たりのよい道ばた
♣特ちょう　花はチョウににた形である。

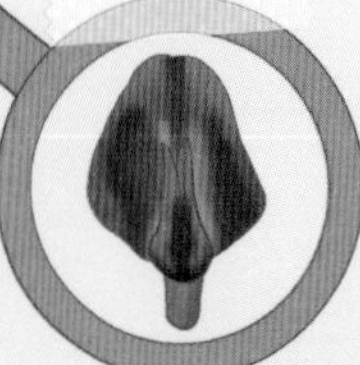

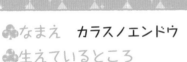

♣なまえ
シロツメクサ
♣生えているところ
日当たりがよいしばふや道ばた
♣特ちょう
白い花が丸く集まっている。

セーラ見て！道ばたにこんなにかわいい花がさいているなんて知らなかったわ。

本当ね。学校の帰りにさがしてみましょう。

4
時間目
社会
Social Studies
社会は
身近なことから
学べることが
多いよー

1 学校のまわりをたんけんしよう①

東・西・南・北の方位をおさえよう。

学校のまわりには，何があるかを調べてみよう。

1 まちたんけんのじゅんびをしよう！

神社や消ぼうしょなど，目じるしになるたて物の位置を白地図に書きこみながら進むといいね。

どこをたんけんするか決めてから出発しましょ。

まちたんけんをするときの持ち物

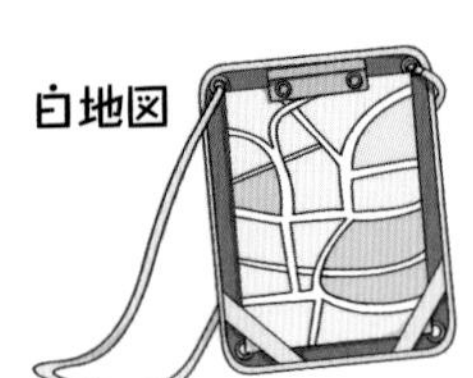

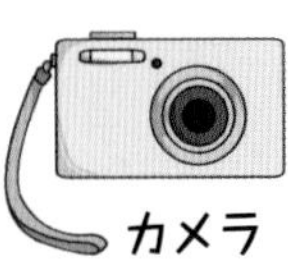

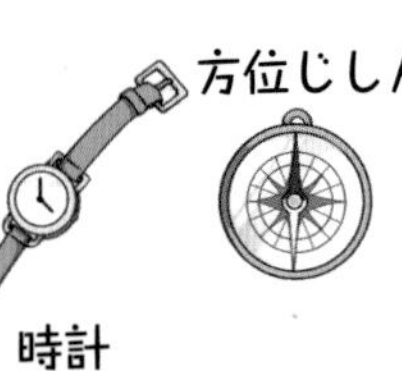

自転車や車に注意しながらまちたんけんに出発だ！

2 方位と方位じしん

方位を調べるための道具を方位じしんというよ。

はりの赤いほうが**北**を指しているんだ！

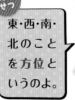

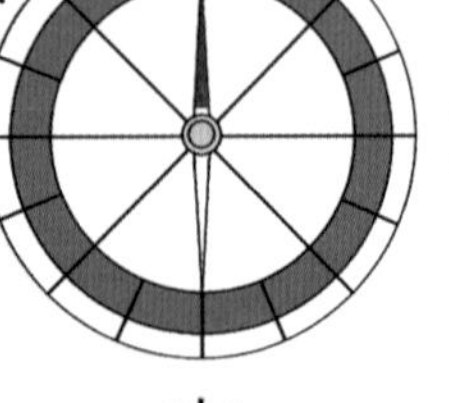

たいせつ

東・西・南・北のことを方位というのよ。

練習問題

練習問題の答えは次のページにあります。

1 次の文にあてはまる言葉に○をつけましょう。

(1) 学校のまわりをたんけんするときは，目じるしになる

たて物　・　人

の位置を調べる。

(2) たんけんをするときは，

筆記用具　・　ゲーム

を持っていく。

たんけんでわかったことは，メモしておくといいね。

2 次の問題に答えましょう。

(1) 右のような，方位を調べるための道具を何といいますか。

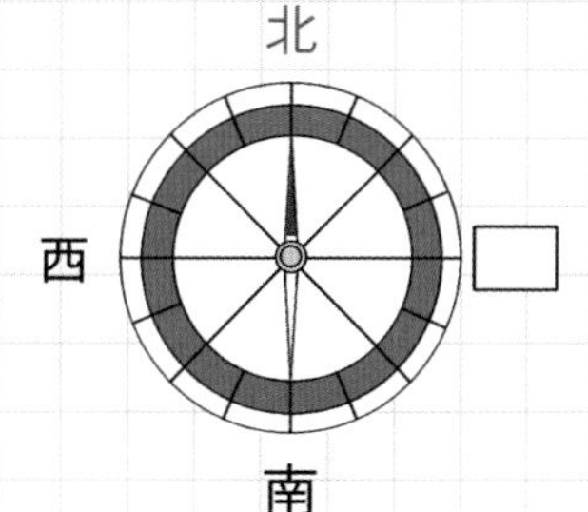

(2) 右の道具で空らんにあてはまる方位は何ですか。書きましょう。

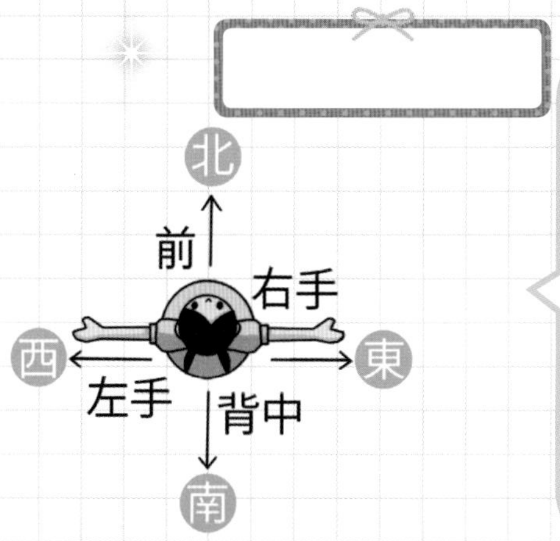

方位ってどうやっておぼえたらいい？
北を向いたとき，右手が東，左手が西，背中が南よ。

2 学校のまわりをたんけんしよう②

地図をかくときのきまりをおさえよう。

1 絵地図をつくろう！

たんけんしてわかったことを，白地図にかきこんでみよう！

気がついたことをかきこめばいいのね！

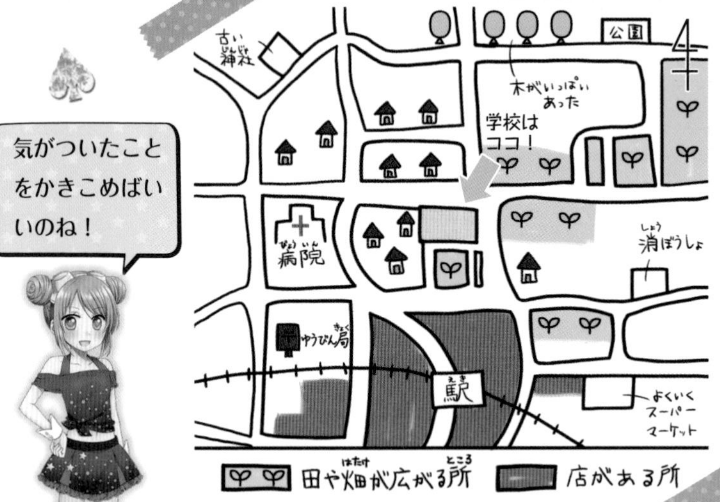

2 地図のきまり

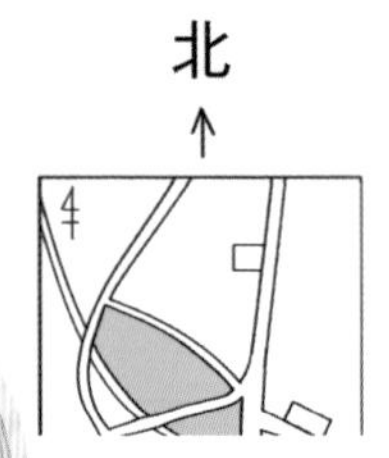

地図は，上が**北**になるようにかかれている。

方位記号で東・西・南・北の方位がわかる。

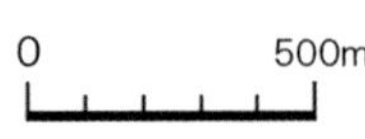

しゅくしゃくは，地図が実さいよりどれだけ小さいかがわかる。

練習問題の答え　1(1)たて物　(2)筆記用具　2(1)方位じしん　(2)東

Let's TRY 練習問題

1 絵地図を見て，次の文の空らんにあてはまる**方位**を書きましょう。

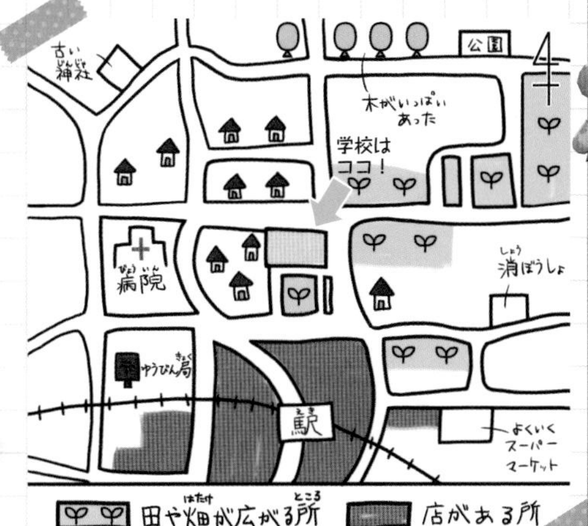

(1) **学校から見て，病院は，**

［　　　　］の

方位にある。

(2) **学校から見て，駅は，**

［　　　　］**の方位にある。**

地図の右上にある方位記号から考えると…。

2 次の**記号の名前**を空らんに書きましょう。

［　　　　］　［　　　　］

たいせつ
2つとも地図をわかりやすくかくための記号だよ。

地図はふつう，北を上にしてかかれているんだ！方位がわかれば，地図の読みとりもかんたんっしょ！

3 地図記号をおぼえよう①

身近なしせつの地図記号をおぼえよう。

地図をわかりやすくするために，**地図記号**が使われるよ。

学校のまわりのたて物

「文」という漢字をもとにしてつくられたんだ！

ゆうびん局

病院

老人ホーム

神社

寺

博物館・美術館

神社の地図記号は，「とりい」の形がもとになっているのね。

老人ホームや博物館・美術館の地図記号は，最近になって新しくつくられたのよ。

練習問題の答え　1(1)西　(2)南　2(1)方位記号　(2)しゅくしゃく

1 次の地図記号が表すたて物を空らんに書きましょう。

(1)

(2)

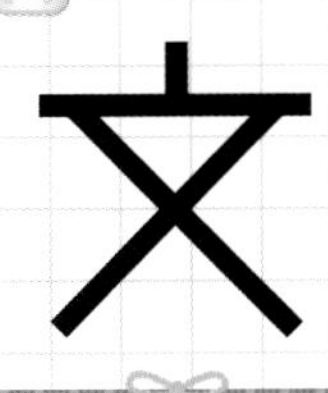

(3)

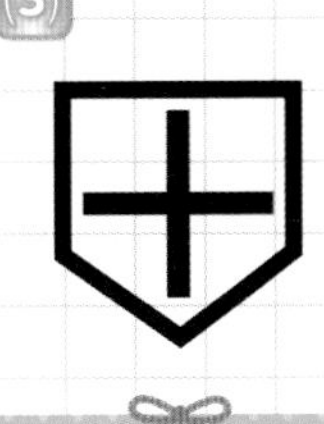

2 次の絵のたて物の地図記号を空らんにかきましょう。

(1)

(2)

ポストにかかれているマークがヒントだぜ！

地図記号をおぼえよう②

土地の利用を表す地図記号をおぼえよう。

1 公共しせつの地図記号

図書館

本を開いた形がもとになっているのよ。

市役所

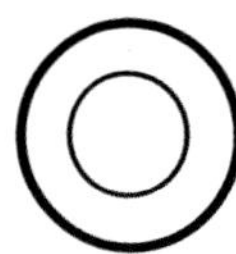

けいさつしょ

消ぼうしょ

2 土地の利用を表す記号

田

いねをかりとったあとの形がもとになっているんだ。

りんごの形に見えるわ！

かじゅ園

畑

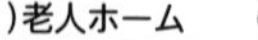

練習問題の答え　1(1)老人ホーム　(2)学校　(3)病院　2(1)⛩　(2)〒

Let's TRY 練習問題

1 次の(1)～(3)にあてはまる地図記号を空らんにかきましょう。

(1) 市役所　(2) けいさつしょ　(3) 消ぼうしょ

消ぼうしょの地図記号は，昔の消ぼう道具をもとにしているんだ！

2 次の地図記号が表しているものを書きましょう。

(1)　(2)　(3)

地図記号の意味となり立ちはバッチリおぼえたかな？地図を読みとるにはとても大事だからおさえておいて！

5 市のようすを調べよう①

住んでいる市のようすを調べてみよう。

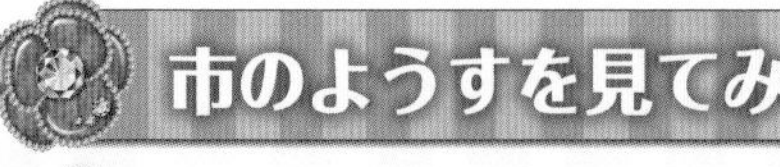

市全体のとくちょうを見つけよう！

土地が高い所とひくい所で色分けをしたよ。

この市の北には川が流れているな。

鉄道を使って，市の南北に行けるのね。

市の境
線路
高い所　少し高い所　ひくい所
海

この市では，市の西のほうの土地が高くなっているね。

自分が住んでいる市も調べてみましょう！

市の地図の読みとり方

- 方位記号で東・西・南・北をかくにんしよう！
- 土地の高い所やひくい所がどこかをチェック！
- 地図記号で土地の使われ方を考えよう！

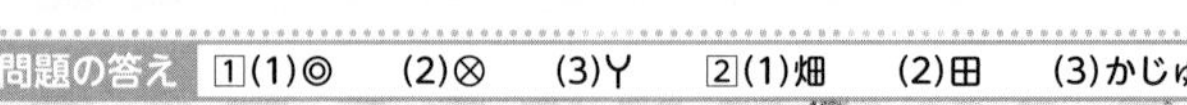

Let's TRY 練習問題

1 次(つぎ)の地図を見て，あとの問題(もんだい)に答えましょう。

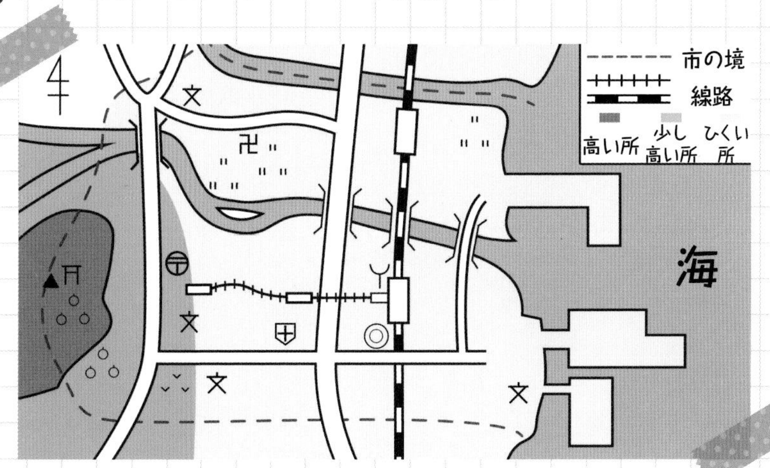

(1) 次の文の空(くう)らんにあてはまる方位を書きましょう。

❶市の ＿＿＿＿ には，川が流れている。

❷市の ＿＿＿＿ の方は，土地が高くなっている。

(2) 地図にある，右の地図記号は，何のたて物(もの)を表(あらわ)していますか。書きましょう。

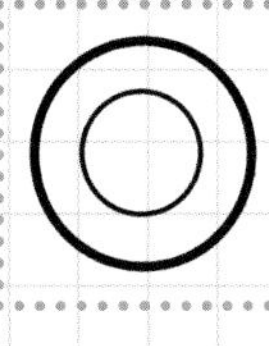

＿＿＿＿

たいせつ
市で大切な役(やく)わりをする公共(こうきょう)しせつだぜ！

6 市のようすを調べよう②

土地の使われ方をおさえよう。

市の土地の使われ方

川のまわりのようす

水を利用しやすいため，田が広がっている。

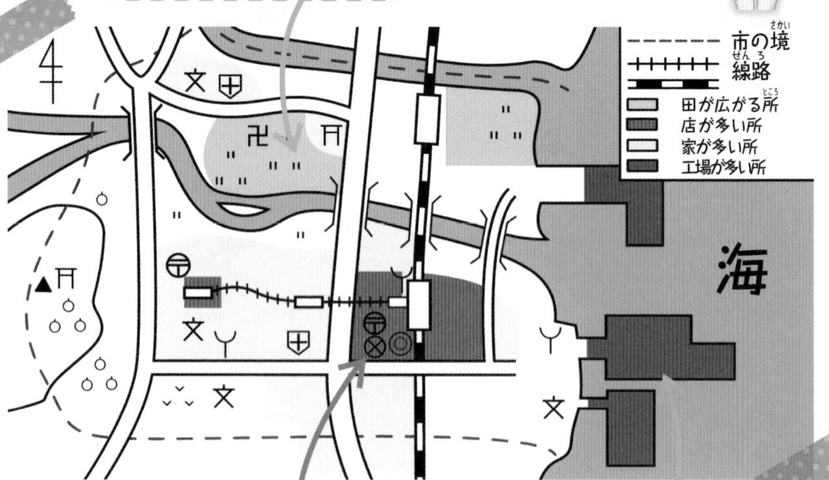

駅のまわりのようす

多くの人が集まるため，デパートや公共しせつが集まる。

港のようす

つくったせい品を船で運びやすいように工場が集まる。

練習問題の答え 1 (1)①北　②西　(2)市役所

Let's TRY 練習問題

1 次の文の空らんにあてはまる言葉を［　］からえらんで書きましょう。

(1) 川のまわりには，［　　　］が広がっている。

(2) ［　　　］のまわりには，デパートや公共しせつが集まっている。

山のまわりにもとくちょうがあるのかしら？
山にはかじゅ園や森林が広がっていることが多いぞ！

田　海　山　駅

2 港に工場が集まっているのはなぜですか，次のア～ウから1つえらびましょう。

ア　人が集まるから。

イ　水を利用しやすいから。

ウ　せい品を船で運びやすいから。

［　　　］

同じ市の中でも，場所によって土地の使われ方にちがいがあるんだ。

農家ではたらく人の仕事

まちの農家の人の仕事をおさえよう。

野さいをしゅうかくするまでに何か月もかかっているんだ！

1 野さいができるまで

1 畑をたがやす

2 たねを植える

3 なえの世話をする

4 しゅうかく

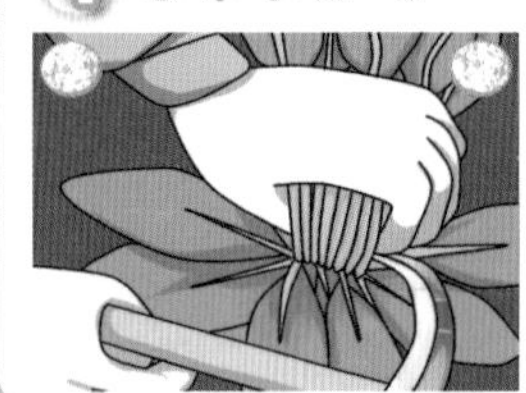

2 農家の人のくふう

おいしい野さいをつくるために，くふうをしているのよ。

土をつくるくふう

土にひりょうをまぜている。

手間をはぶくくふう

きかいを使ってこうりつよく作業している。

虫をふせぐくふう

農薬をまいて，虫がつかないようにしている。

練習問題の答え　1(1)田　(2)駅　2ウ

Let's TRY 練習問題

1 次の ア ～ エ を，野さいをしゅうかくするまでの流れにあうようにならべましょう。

ア たねを植える
イ 畑をたがやす
ウ なえの世話をする
エ しゅうかく

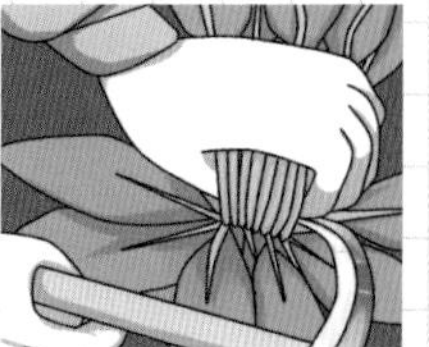

2 次の❶・❷にあてはまるくふうを，あとの ア ～ ウ から1つずつえらびましょう。

❶手間をはぶくくふう

❷虫をふせぐくふう

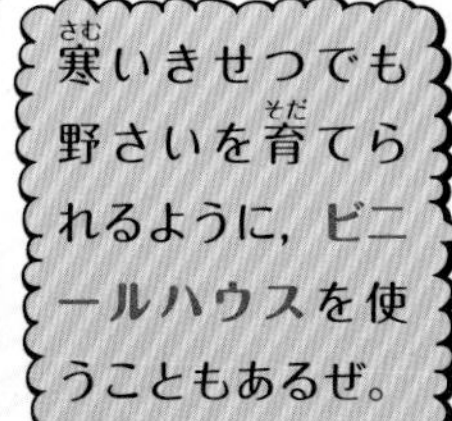

ア 農薬をまいている。

イ きかいを使って作業をしている。

ウ 土にひりょうをまぜている。

寒いきせつでも野さいを育てられるように，ビニールハウスを使うこともあるぜ。

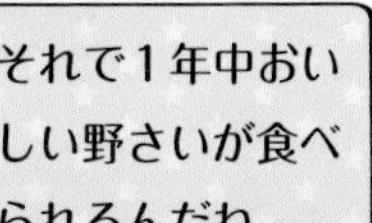

それで1年中おいしい野さいが食べられるんだね。

農家ではたらく人のくふうってすごい！

8 野さいがとどくまで

野さいがしゅうかくされてから家庭にとどくまでをおさえよう。

しゅうかくされた野さいはどうなるの？

しゅうかくされた野さいのゆくえ

1 ふくろや箱につめる。

野さいにきずがつかないように，**手作業で1つ1つていねいに**あつかうぞ！

2 トラックでおろし売り市場へ運ぶ。

おろし売り市場には，農家からさまざまな野さいが集められるよ。

3 八百屋やスーパーマーケットにならぶ。

4 わたしたちの家へ。

さまざまな人の手を通って，わたしたちのもとへ野さいがとどくのね。なんかすごいな～！

おいしい野さいを安心して食べてもらうことが，農家の人のねがいなんだ。

練習問題の答え　1イ→ア→ウ→エ　2①イ　②ア

Let's TRY 練習問題

1 野さいをふくろや箱につめるときのくふうを，次(つぎ)のア～エから２つえらびましょう。

ア　きかいで箱につめている。

イ　人の手で箱につめている。

ウ　１つ１つていねいにあつかう。

エ　一度(いちど)にすべてをあつかう。

2 農家の人のねがいを，次のア～ウから１つえらびましょう。

ア　おいしい野さいを安心して食べてもらいたい。

イ　わたしたちに野さいを食べてほしくない。

ウ　野さいを出荷(しゅっか)したくない。

わたしたちがいつも食べている野さいは，農家の人が一生けん命(めい)つくったものなのね。

野さいを食べるときは，農家の人にも感謝(かんしゃ)しないとね！

その気持(きも)ち，これからもわすれないようにな！

9 工場ではたらく人の仕事

工場でせい品がつくられるまでの流れをおさえよう。

ささかまぼこができるまで

工場でせい品ができるまでのようすを見てみましょう。ワクワク♡

① 魚をさばく。

② 材料をまぜる。

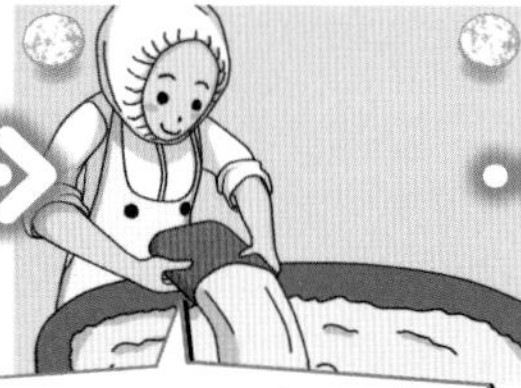

大きなきかいで一度にまぜるんだ。

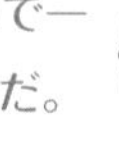

③ 形をととのえる。

④ きかいでやく。

⑤ 点けんをする。

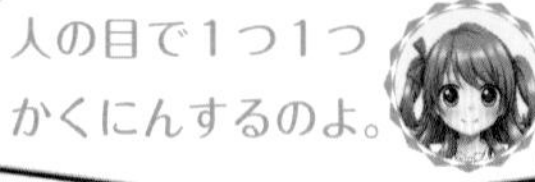

人の目で1つ1つかくにんするのよ。

⑥ ふくろに入れる。

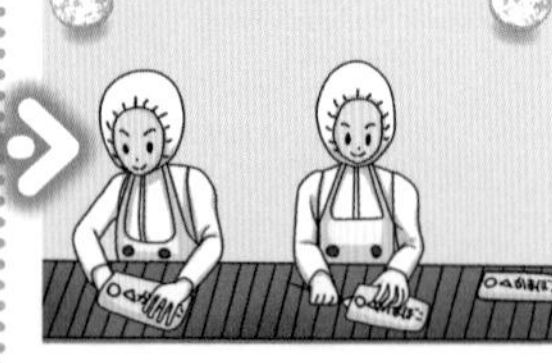

工場でつくられるもの

まちには，さまざまなせい品をつくる工場があるぜ。

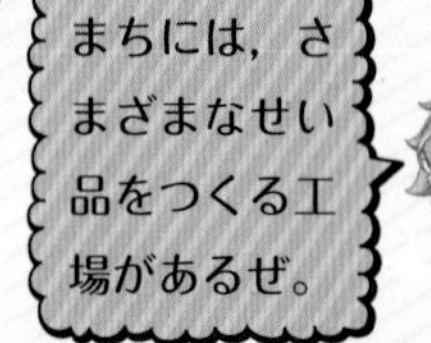

工場では，**原料**を**加工**してせい品をつくるんだね。

練習問題の答え 1イ・ウ　2ア

Let's TRY 練習問題

1 次の❶・❷にあてはまる仕事を，あとのア～ウから1つずつえらびましょう。

❶

❷

ア　きれいにできているかを人の目で点けんをする。

イ　できたせい品をふくろに入れる。

ウ　大きなきかいで一度に材料をまぜている。

工場の仕事には，きかいがする作業と人がする作業があるんだね。

たいせつ

きかいがする作業でも，人の目でかくにんをしているのよ。

2 次のア～ウのうち，工場でつくられるものはどれですか。1つえらびましょう。

ア

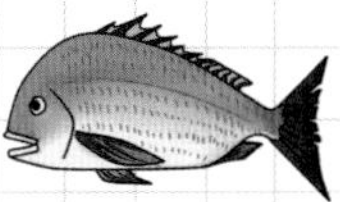

イ

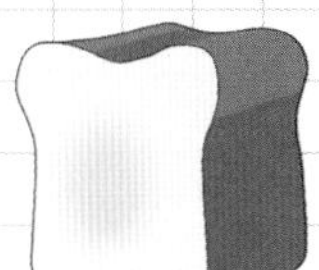

ウ

10 工場ではたらく人のくふう

ささかまぼこ工場ではたらく人のくふうをおさえよう。

1 安全なせい品をつくるくふう

えいせいにとても気をつけて作業をしているよ。

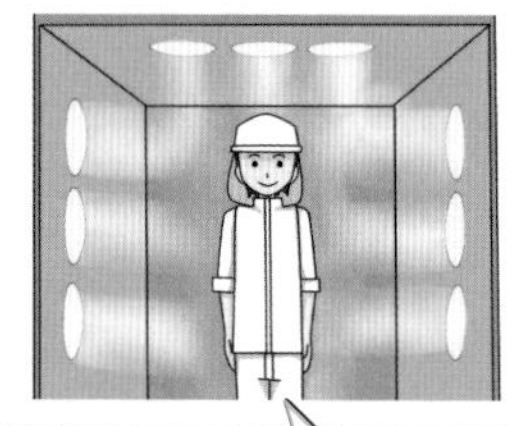

つめの中までていねいに手をあらってから作業をするよ。

きかいで風をふかせ，ほこりを落としてから工場の中に入るよ。

たいせつ

いつもせいけつにして，お客さんにせい品を安心して食べてもらいたいんだ。

2 せい品がとどくまで

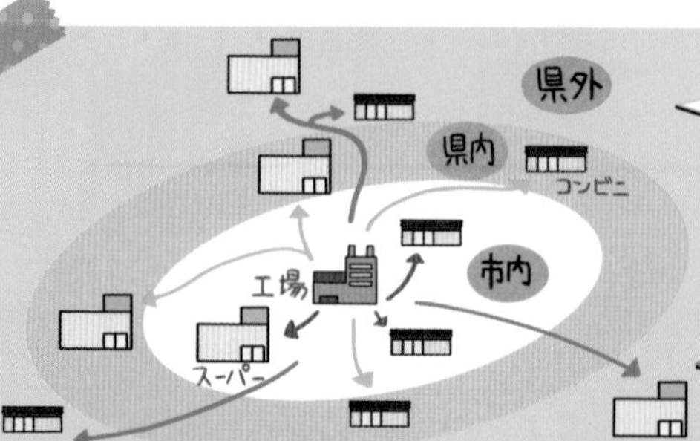

工場でつくられたせい品は，トラックでほかの市や県にも運ばれているんだ！

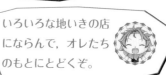

いろいろな地いきの店にならんで，オレたちのもとにとどくぞ。

練習問題の答え　1①ウ　②ア　2イ

Let's TRY 練習問題

1 次の文の空らんにあてはまる言葉を書きましょう。

(1) 工場ではたらく人は，［　　　　］に気をつけて仕事をしています。

(2) せい品は，［　　　　］でほかの市や県にも運ばれています。

工場ではたらく人にとって手あらいは大切なのね！

食べ物をあつかう工場だととくにね！

2 右の絵のように，工場の人がいつもせいけつにしているのはなぜですか。次のア～ウから1つえらびましょう。

ア　せい品を安心して食べてもらうため。

イ　こうりつよく作業をするため。

ウ　ほかの市や県に運ぶため。

［　　　　］

工場ではたらく人は，安全なせい品を食べてもらうため，えいせいにすごく気をつけているんだ。すごいっしょ！

11 スーパーマーケットのようす

スーパーマーケットのようすをおさえよう。

スーパーマーケットのようす

スーパーマーケットの中をのぞいてみましょう！

そうざいをつくる人

おいしいそうざいをつくっているよ。

魚を切り分ける人

お客さんが食べやすいように切っているよ。

スーパーマーケットにはいろいろな仕事をする人がいるのね。

レジを打つ人

お客さんとお金のやりとりをしているよ。

たなにならべる人

お客さんがとりやすいように，品物をならべるよ。

練習問題の答え　1(1)えいせい　(2)トラック　2ア

Let's TRY 練習問題

1 次(つぎ)の❶・❷はどのような仕事をする人ですか。あとのア～エから１つずつえらびましょう。

❶

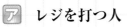

❷

セーラは，レジを打つ仕事はとく意(い)そうだね。
もちろんよ！お金の計算ならまかせて！

ア　レジを打つ人

イ　たなにならべる人

ウ　魚を切り分ける人

エ　そうざいをつくる人

2 次の❶・❷は，スーパーマーケットのどこで仕事をする人のくふうですか。絵のア～エから１つずつえらびましょう。

❶お客さんがとりやすいようにならべる。

❷お客さんが食べやすいように魚を切る。

たいせつ

それぞれの役(やく)わりによってさまざまなくふうをしているんだ！

12 スーパーマーケットではたらく人のくふう

スーパーマーケットではたらく人のくふうをおさえよう。

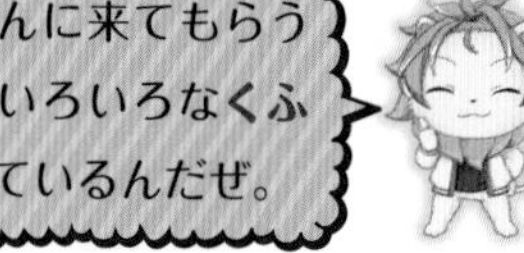

お客さんに来てもらうためにいろいろなくふうをしているんだぜ。

1 スーパーマーケットのくふう

かんばん

遠くからでも品物の場所がすぐにわかるよ。

文字が大きい表示

ねだんがいくらかがすぐにわかるよ。

リサイクルコーナー

ペットボトルなどを集めて，リサイクルするよ。

たいせつ　お客さんのねがいにこたえるくふうをしているよ！

2 お客さんのねがいにこたえる店づくり

広いちゅう車場

「車をとめてゆっくり買い物をしたい。」

つくった人の顔がわかる表示

「だれがつくった品物なのかが知りたい。」

広い通路

「車いすに乗ったままでも買い物をしたい。」

練習問題の答え　1①エ　②ア　2①エ　②イ

Let's TRY 練習問題

1 右の絵を見て，空らんにあてはまる言葉を［　］からえらんで書きましょう。

お客さんが品物の  を，遠くからでも見つけやすいようにするためのくふうです。

場所　　ねだん　　産地

どこにどんな品物があるか，すぐにわかるね！

2 次のお客さんのねがいにこたえてつくられたものを，あとのア～ウから1つえらびましょう。

「だれがつくった野さいかを知りたい。」

ア

イ

ウ

スーパーマーケットでは，多くのお客さんに来てもらいたいから，お客さんの気持ちを考えて，さまざまなくふうをしているね！

品物はどこから

スーパーマーケットの品物はどこから来るかをおさえよう。

1 産地の調べ方

たくさんの品物はどこから来るの？

品物にはってあるシールを見てみよう！

北海道産
にんじん
1パック（税込）198円
販売元　○△□スーパー
○○○

産地
品物がとれた場所

品物の名前

バーコード
レジで読みとる

ねだん
品物がいくらかがわかる

賞味期限が書かれているものもあるよ。

2 品物の産地

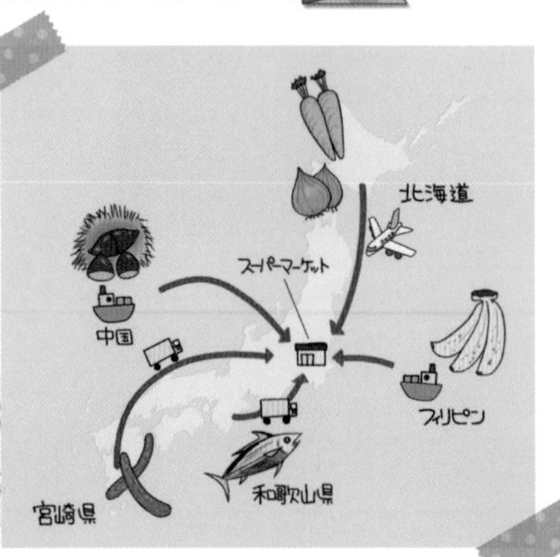

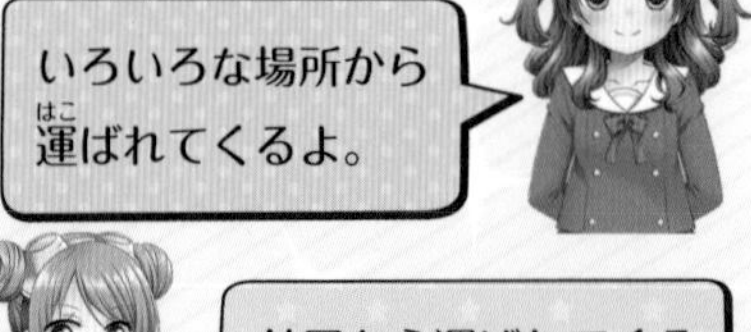

いろいろな場所から運ばれてくるよ。

外国から運ばれてくる品物もあるんだ～！

運ぶのにトラックや船，飛行機などを使うんだぜ。

練習問題の答え　1場所　2イ

Let's TRY 練習問題

1 品物にはってあるシールの❶・❷は何を表していますか。空らんに言葉を書きましょう。

❶

❷

つくった人の顔がわかるシールもあるんだ。
つくった人の顔がわかると，安心して買えるよね！
これもスーパーマーケットのくふうの1つだな。

2 スーパーマーケットの品物について，あてはまるもの2つに○をつけましょう。

❶  外国からも運ばれてくる。

❷  品物はすべて市内から運ばれてくる。

❸  品物を運ぶのにトラックだけが使われる。

❹  船や飛行機で運ばれる品物もある。

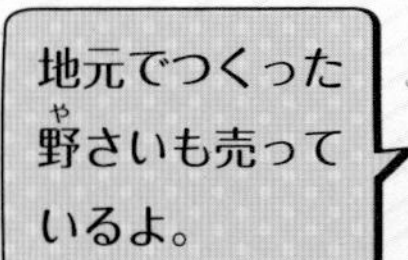

地元でつくった野さいも売っているよ。

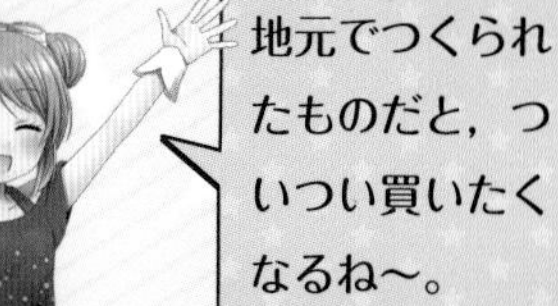

地元でつくられたものだと，ついつい買いたくなるね～。

いろいろな店

いろいろな店のとくちょうをおさえよう。

スーパーマーケットのほかにも，いろいろなお店があるぞ！

八百屋

- 野さいをせん門で売っている。
- お店の人に，どれが一番おいしいかを聞くことができる。

- 洋服や家具も売っている。

中にレストランが入っていると，食事をすることもできるよ。

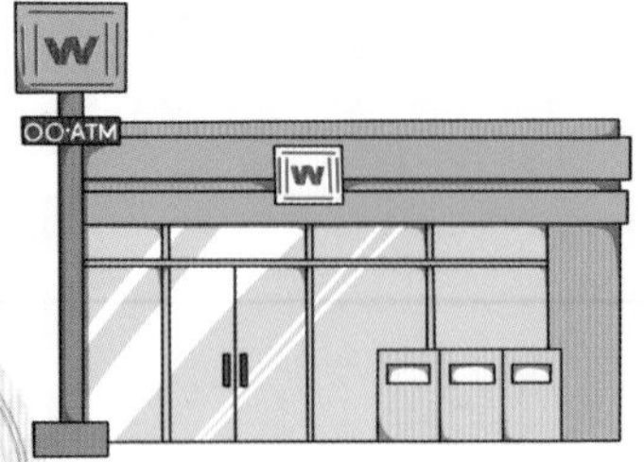

コンビニエンスストア

- 24時間開いていることが多い。
- 生活にひつようなものがそろっている。

コンビニエンスストアは，まちのあちこちで見かけるよね。

練習問題の答え　1①産地　②ねだん　2①，④

Let's TRY 練習問題

1 コンビニエンスストアについて，次の空らんにあてはまる**数字**を書きましょう。

コンビニエンスストアは，

[　　　　] 時間開いている

ところが多い。

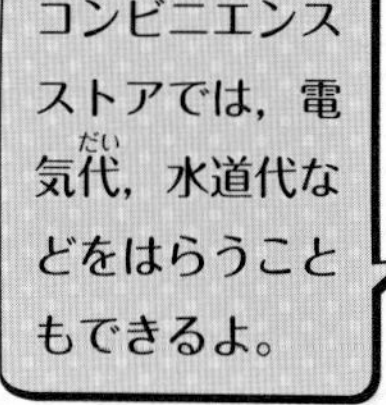

コンビニエンスストアでは，電気代，水道代などをはらうこともできるよ。

うちのママもよくコンビニでしはらいしてる！とってもべんりね！

2 次の文にあてはまる**店**を [　　] からえらんで書きましょう。

(1) 洋服や家具も売っている。 [　　　　]

(2) 野さいをせん門で売っている。 [　　　　]

デパート　八百屋　スーパーマーケット

いろいろなお店のいいところを考えて，かしこく買い物をしような！

15 火事からくらしを守る

火事からくらしを守るためのしくみをおさえよう。

1 火事が起きたら…

おぼえて！ 火事が起きたら，**119番**に通ほうしようね！

たいせつ
通信指令室から，さまざまな機関にれんらくがいくんだ。
すごーい！

2 さまざまな消ぼうせつび

消火せん	消火器	火災けいほう器
	 	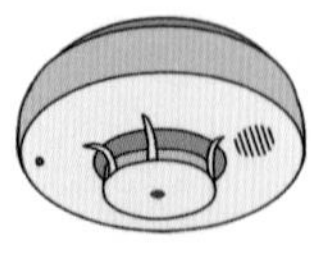
消火にひつようなが水がえられるよ。	火を消すことができるよ。	火事が起きたことを知らせるよ。

練習問題の答え 1 24　2 (1)デパート　(2)八百屋

Let's TRY 練習問題

1 次の文の空らんにあてはまる言葉を書きましょう。

(1) 火事の通ほうをするときは，［　　　　］番に電話をします。

(2) 火事の通ほうをすると，

［　　　　　　　　］から，

さまざまな機関にれんらくがいきます。

カグヤ！
なんでけいさつしょにれんらくするのかな？
火事のげん場で交通整理などをしてもらうためよ。

(3) ［　　　　　　］は，

自分たちで火を消すための消ぼうせつびです。

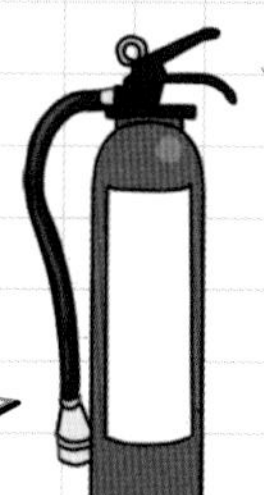

学校などでは，かならず置かなければならないんだ！

2 次の(1)・(2)にあてはまる消ぼうせつびを，あとの［　　］からえらんで書きましょう。

(1) 消ぼうしょや消ぼうだんの人が水をえるためのせつび。

(2) 火事が起きたことを知らせるせつび。

(1) ［　　　　　　］　(2) ［　　　　　　］

消火せん	火災けいほう器	消火器

16 事件・事故からくらしを守る

事件・事故からくらしを守るしくみをおさえよう。

1 事故が起きたら…

おぼえて！ 事故が起きたら，110番に通ほうよ！

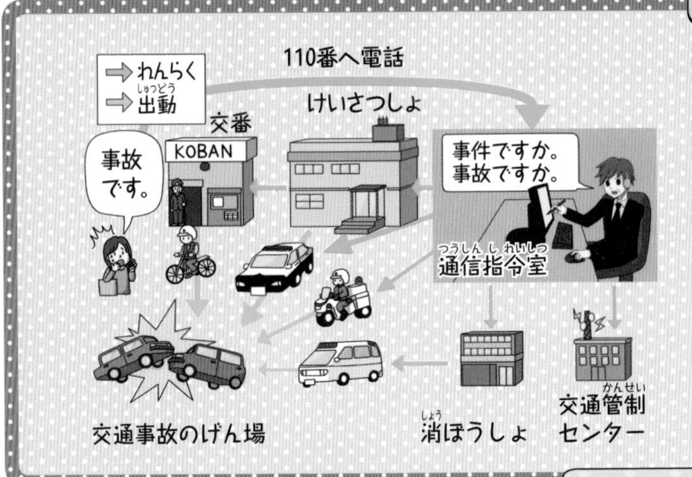

いろいろな人がげん場にかけつけるんだね～。

2 けいさつの仕事

☆まちのパトロール

☆道案内

☆ちゅう車い反の取りしまり

はんざいなどが起きないように，まちを見回るんだ！

練習問題の答え 1(1)119 (2)通信指令室 (3)消火器 2(1)消火せん (2)火災けいほう器

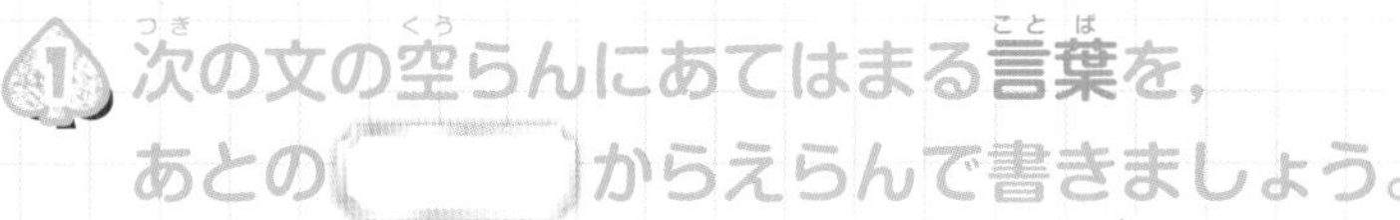

練習問題

1 次の文の空らんにあてはまる言葉を，あとの[　　]からえらんで書きましょう。

(1) 事故の通ほうをするときは，

[　　　　]番に電話をします。

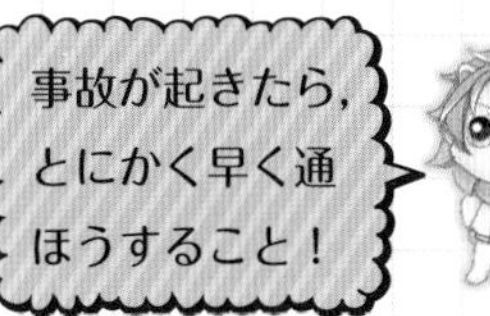

事故が起きたら，とにかく早く通ほうすること！

(2) 事故のげん場では，けいさつの人が[　　　　]をしたり，事故の原いんを調べたりしています。

110　　119　　交通整理　　ひなん訓練

2 次の文の空らんにあてはまる言葉を書きましょう。

(1) けいさつの仕事の１つは，右の絵のようにまちの

[　　　　]をすることです。

(2) ちゅう車い反をしている車の

[　　　　]をします。

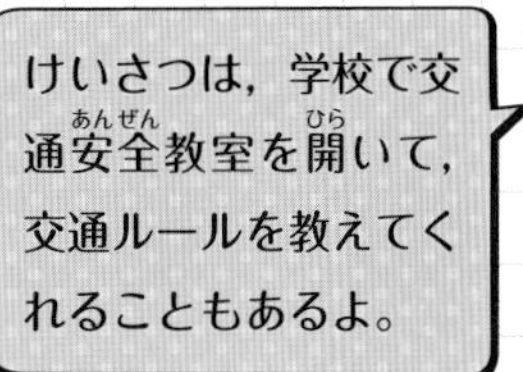

けいさつは，学校で交通安全教室を開いて，交通ルールを教えてくれることもあるよ。

17 昔の道具と今の道具

昔の道具と今の道具のちがいをおさえよう。

昔はどんな道具が使われていたのかしら？

	昔		今
ごはんをたく道具	かまど	→	すいはんき
せんたくの道具	たらいとせんたく板	→	せんたくき
部屋をあたためる道具	火ばち	→	エアコン

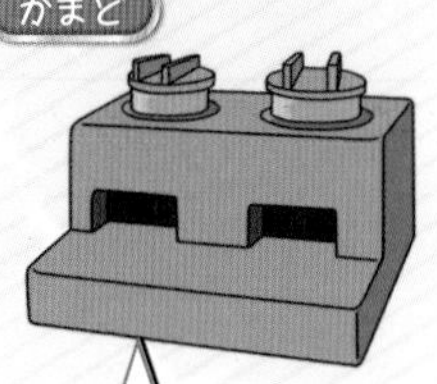

火をおこして，まきをくべて，ごはんをたいていたんだ！

スイッチをおすだけで，きかいがすべてやってくれるぜ！

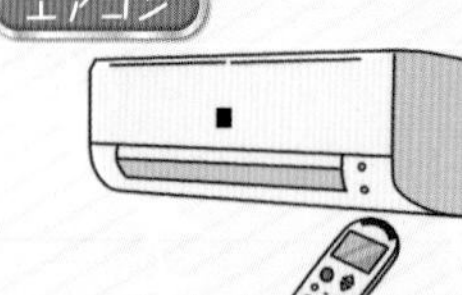

たいせつ

べんりな道具がふえて，家事にかかる時間が短くなったのよ！

練習問題の答え　1(1)110　(2)交通整理　2(1)パトロール　(2)取りしまり

Let's TRY 練習問題

1 次の道具は何をする道具ですか。あとのア～ウから1つずつえらびましょう。

❶ かまど

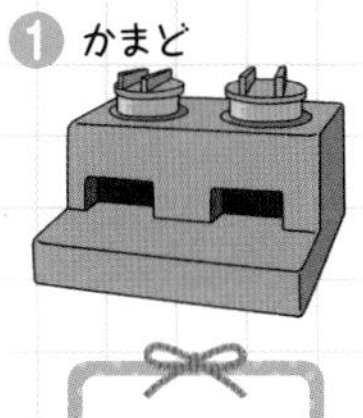

❷ 火ばち

❸ たらいとせんたく板

ア　せんたくの道具　　イ　ごはんをたく道具

ウ　部屋をあたためる道具

昔は，電気やガスでなく，手で動かしていたのよ。

すごい大変そうだね！

2 次の文にあてはまる言葉に○をつけましょう。

今のくらしは，べんりな道具が❶［ふえて・へって］，

家事にかかる時間が❷［長く・短く］なった。

昔の道具は，使うのにもとても手間がかかったんだ！

今の時代はすごくべんりになったんだね！

18 くらしのうつりかわり

昔と今のくらしのちがいをおさえよう。

道具がべんりになったことで，くらしもかわってきたよ。

昔のくらし

家族みんなで家事をしているね。

いろりをかこんで，ごはんを食べていたのよ。

いろりのまわりで食べるのって楽しそうだね！

今のくらし

家事にかかる時間がへって，時間を自由に使う人がふえたんだ！

自動で動く道具がふえたね。あたり前だと思ってたけど…。

たいせつ

くらしをよりよくしたいという**昔の人のちえや努力**のおかげで，くらしがべんりになったんだぜ。

練習問題の答え　1①イ　②ウ　③ア　2①ふえて　②短く

Let's TRY 練習問題

1 次(つぎ)の文にあてはまる言葉(ことば)を，[　]から えらんで書きましょう。

(1) 昔のくらしでは，[　　　　]をかこんで，ごはんを食べていた。

(2) 今のくらしでは，[　　　　]で動く道具がふえた。

自動　手作業(てさぎょう)
いろり　いど

昔の人は水を得(え)るためにいどを使っていたんだ。
今のくらしだと水道と同じ役(やく)わりかしら。

2 昔の人のねがいを，次のア～ウから1つえらびましょう。

ア 家事にかかる時間をふやしたい。
イ 自由に使う時間をへらしたい。
ウ くらしをべんりにしていきたい。

[　　　　]

これからももっとべんりな道具がふえるのかな？

家事は，すべてロボットがやってくれる時代(じだい)が来るかもしれないね。

19 市のようすのうつりかわり

昔と今の市の地図をくらべてみよう！

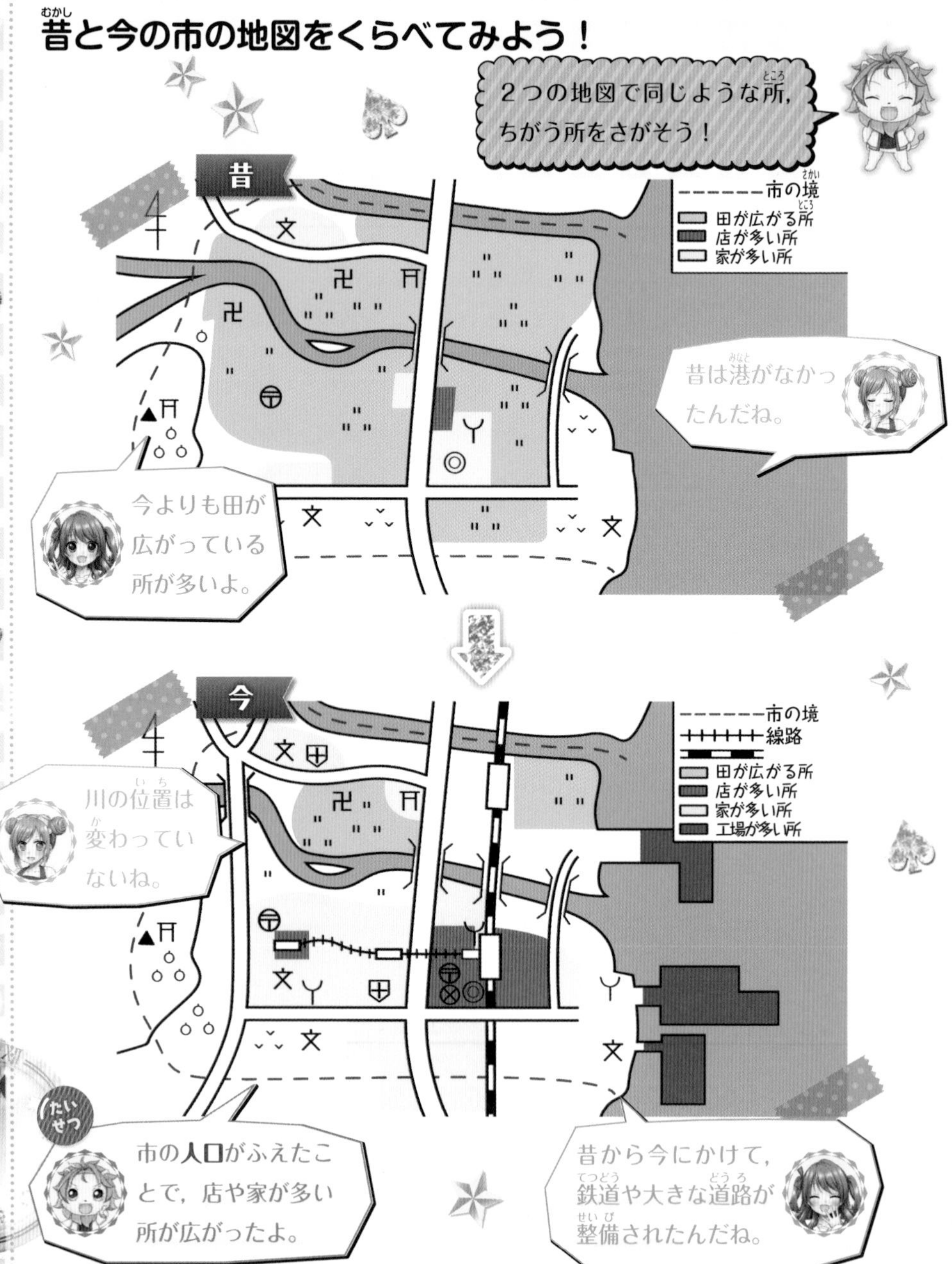

2つの地図で同じような所，ちがう所をさがそう！
昔
市の境
田が広がる所
店が多い所
家が多い所
昔は港がなかったんだね。
今よりも田が広がっている所が多いよ。
今
市の境
線路
田が広がる所
店が多い所
家が多い所
工場が多い所
川の位置は変わっていないね。
たいせつ
市の人口がふえたことで，店や家が多い所が広がったよ。
昔から今にかけて，鉄道や大きな道路が整備されたんだね。

練習問題の答え 1 (1)いろり　(2)自動　2 ウ

Let's TRY 練習問題

1 昔と今の２つの市の地図を見て，あとの問題に答えましょう。

昔の市の地図

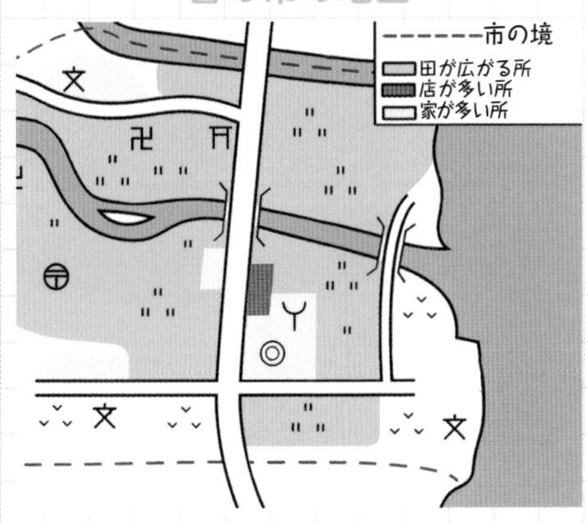

今の市の地図

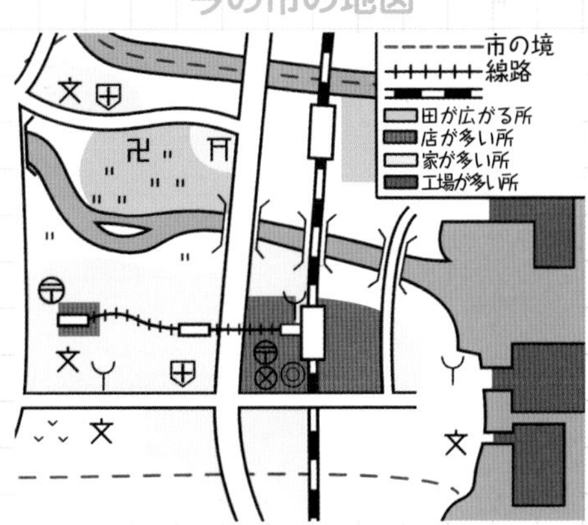

(1) 市のようすはどのように変化しましたか，２つの地図からわかることを，次のア～エから２つえらびましょう。

- ア　鉄道や大きな道路が整備された。
- イ　田が広がるようになった。
- ウ　海に港がつくられた。
- エ　新しい川ができた。

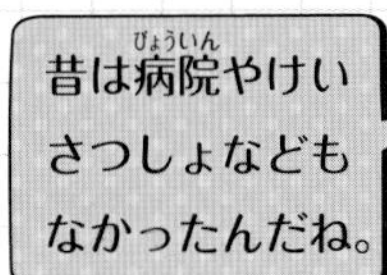

昔は病院やけいさつしょなどもなかったんだね。

(2) 次の文にあてはまる言葉を書きましょう。

［　　　　］が多くなったため，店や家がふえた。

住んでいる人が多くなると，公共しせつやマンションがふえるよ。

ポイント1 地図のきまり

2でやったよ！

方位記号　東・西・南・北の方位がわかる。

地図はふつう，北を上にしてかかれていたよね。
北
西
東
南

ポイント2 まちではたらく人々のくふう

7～14でやったよ！

農家

おいしい野さいをつくるくふうをしている。

工場

えいせいに気をつけて作業をしている。

スーパーマーケット

お客さんに来てもらうくふうをしている。

ポイント3 昔の道具

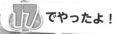

17でやったよ！

かまど

ごはんをたく道具

たらいとせんたく板

せんたくの道具

火ばち

部屋をあたためる道具

練習問題の答え　1(1)ア・ウ　(2)人口

ポイント4 火事や事故の通ほうのしくみ

15 16 でやったよ！

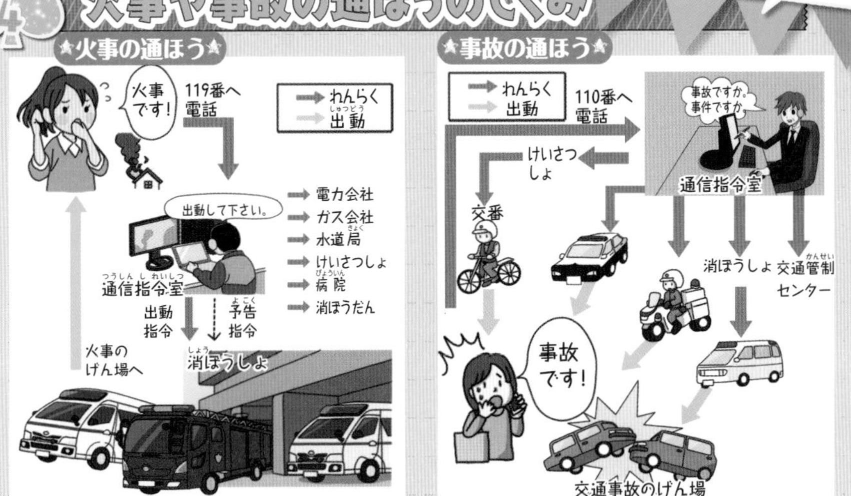

寺	消ぼうしょ	博物館・美術館	市役所	図書館

けいさつしょ	田	畑	かじゅ園

地図記号のなり立ちもおさえておこうな！

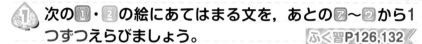

チェックテスト【社会】

⇒答えと解説は P.197

1 次の(1)・(2)の絵にあてはまる文を，あとのア～ウから1つずつえらびましょう。

ふく習P126,132

□ (1) 農家ではたらく人　□ (2) かまぼこ工場ではたらく人

かまぼこ工場の人は，ていねいに手をあらっているわ。

ア えいせいにとても気をつけている。

イ お客さんがとりやすいようにたなにならべている。

ウ 手間をはぶくため，大きなきかいを使っている。

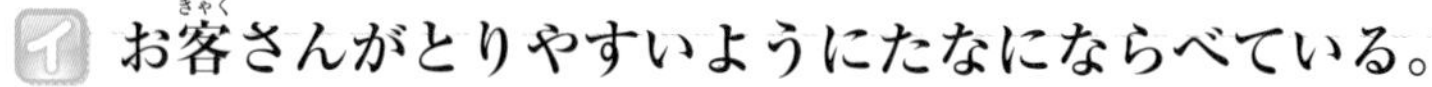

□ **2** 火事の通ほうをする時，何番にれんらくすればよいですか。

ふく習P142

 番

事故を通ほうする110番とまちがえないように！

□ **3** 右は，おまわりさんがまちを見回っているようすです。この仕事を何といいますか。ふく習P144

4 次の地図を見て，あとの問題に答えましょう。

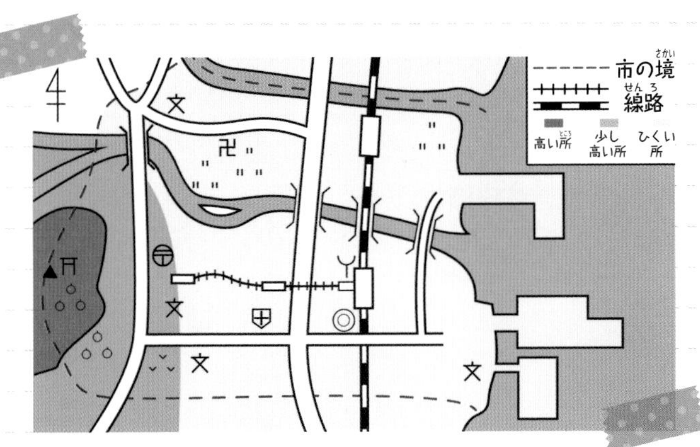

□(1) 市役所から見て，病院はどの方位にありますか。方位を書きましょう。 ふく習P116

(2) 地図中の次の地図記号が表すたて物を，それぞれ書きましょう。 ふく習P118

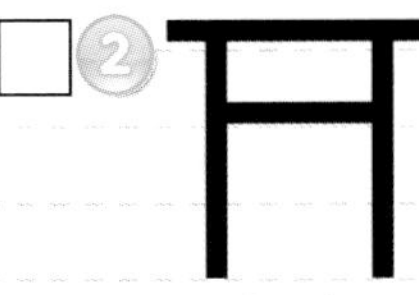

とりいの形がもとになっている地図記号だったね。

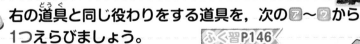

□ 5 右の道具と同じ役わりをする道具を，次のア～ウから1つえらびましょう。 ふく習P146

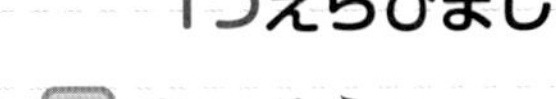

ア れいぞうこ

イ せんたくき

ウ エアコン

プチ体けい

どんな服ではたらくの？

まちではたらく人のおしゃれな服そうをチェックだ！

パン屋さん

かみをたばねるためのバンダナ
服がよごれないようにするエプロン
ここでもえいせいに気をつけているね。

花屋さん

服がよごれないようにするエプロン
エプロンの下は，どんな服でもいいのかしら？

かんごし

かみをたばねている
せいけつかんのある白衣
せいけつかんがあると，かんじゃさんに安心感をあたえるな。

ほいくし

動きやすい服そう
走りやすいくつ
子どもといっしょに遊ぶための服そうだね！

プチ体けい

漢字で書けるよ！ 花の名前

「あじさい」って漢字で書くと「紫陽花」なんだ。「紫」は「むらさき色」のことだよ。すてきな漢字をもつ花があるんだね。

セーラ、漢字で書ける花の名前、何か知ってる？

うーん、朝顔くらいかな…。

たとえば、コスモスって「秋」の「桜」って書くんだよ。

あ、コスモスは秋の花だから「秋」の字が入っているのかな。

そうだね！漢字からそのお花がイメージできて、おもしろいでしょ！

紫陽花（アジサイ）

朝顔（アサガオ）

向日葵（ヒマワリ）

百合（ユリ）

秋桜（コスモス）

山茶花（サザンカ）

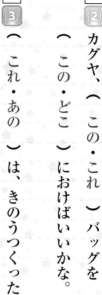

ふく習P181

2 次の（　）にあてはまるこそあど言葉の正しいほうに○をつけましょう。

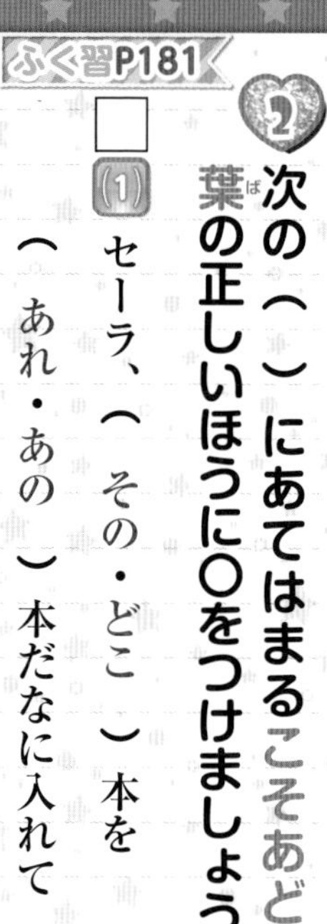
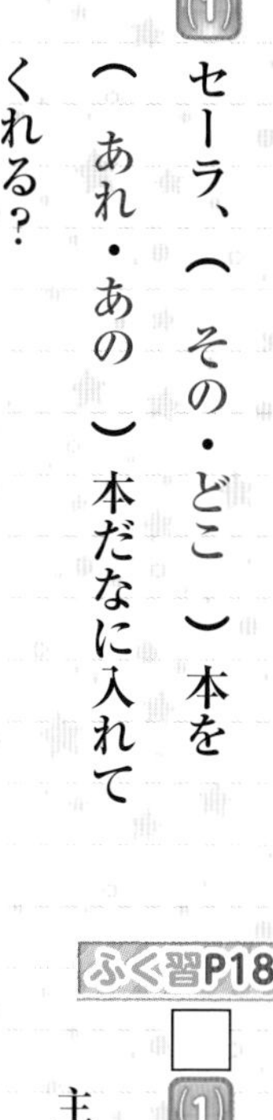

□ (1) セーラ、（ その・どこ ）本を（ あれ・あの ）本だなに入れてくれる？

□ (2) カグヤ、（ この・これ ）バッグを（ この・どこ ）におけばいいかな。

□ (3) （ これ・あの ）は、きのうつくったクッキーだよ。前にカグヤのつくってくれた（ どれ・あれ ）も、おいしかったね。

じゅつ語は、「どうする」のほかに、「どんなだ」「何だ」も表すよ。

ふく習P185

3 次の文の主語とじゅつ語をア～ウからえらびましょう。

□ (1) 兄は、(ア) 今年から (イ) 中学生だ。(ウ)

主語 □　じゅつ語 □

□ (2) きのうの、(ア) 花火は (イ) きれいだった。(ウ)

主語 □　じゅつ語 □

□ (3) ねこが、(ア) おもちゃを (イ) くわえた。(ウ)

主語 □　じゅつ語 □

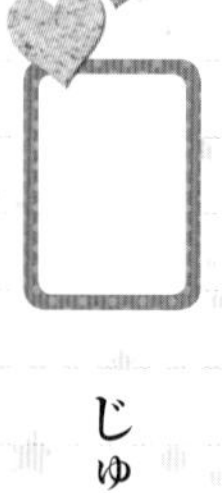

□ (4) クッキーを、(ア) 友だちが (イ) やいた。(ウ)

主語 □　じゅつ語 □

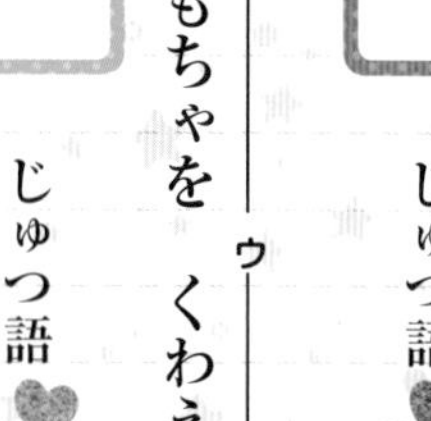
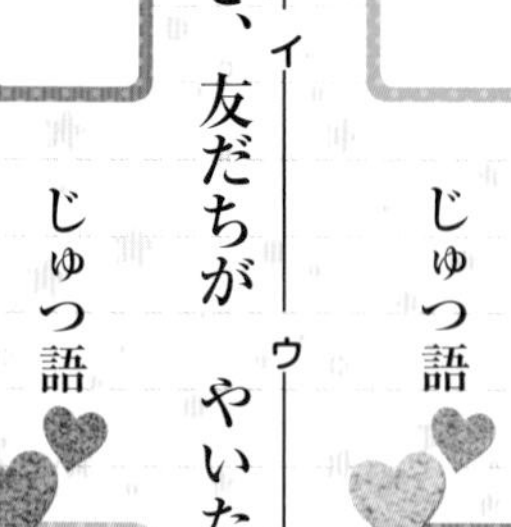

練習問題の答え
1 Aイ　Bア　Cウ

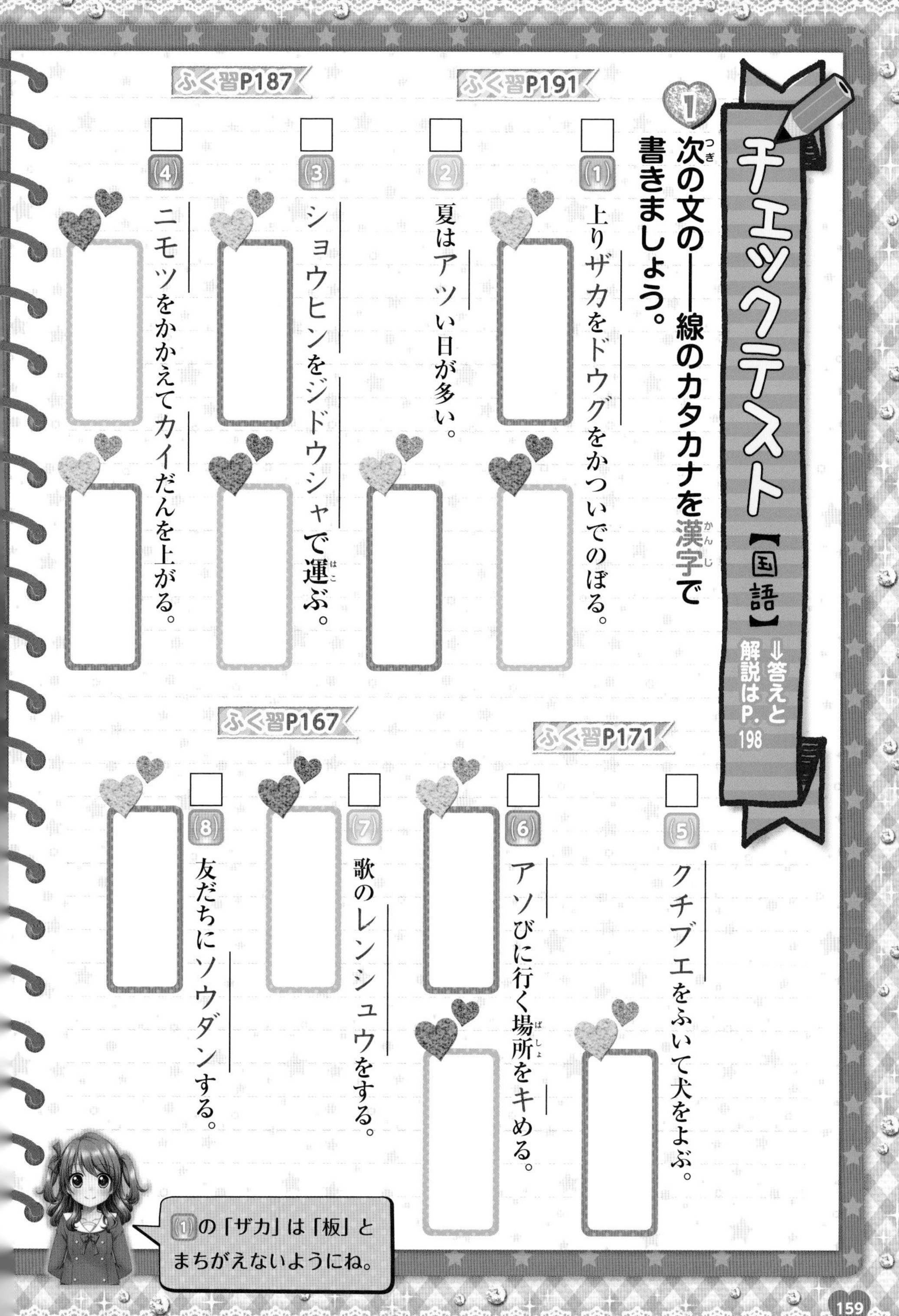

チェックテスト【国語】

⇒答えと解説はP.198

1 次(つぎ)の文の——線のカタカナを漢字(かんじ)で書きましょう。

ふく習P191

(1) 上りザカをドウグをかついでのぼる。

(2) 夏はアツい日が多い。

ふく習P187

(3) ショウヒンをジドウシャで運(はこ)ぶ。

(4) ニモツをかかえてカイだんを上がる。

ふく習P171

(5) クチブエをふいて犬をよぶ。

(6) アソびに行く場所(ばしょ)をキめる。

ふく習P167

(7) 歌のレンシュウをする。

(8) 友だちにソウダンする。

(1)の「ザカ」は「板」とまちがえないようにね。

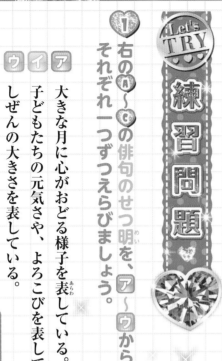

目の前の海は荒れていて、でも空には天の川が見える、そんな風景が思いうかぶね。

Let's TRY 練習問題

1 右のA～Cの俳句のせつ明を、ア～ウからそれぞれ一つずつえらびましょう。

ア 大きな月に心がおどる様子を表している。

イ 子どもたちの元気さや、よろこびを表している。

ウ しぜんの大きさを表している。

A [　　]

B [　　]

C [　　]

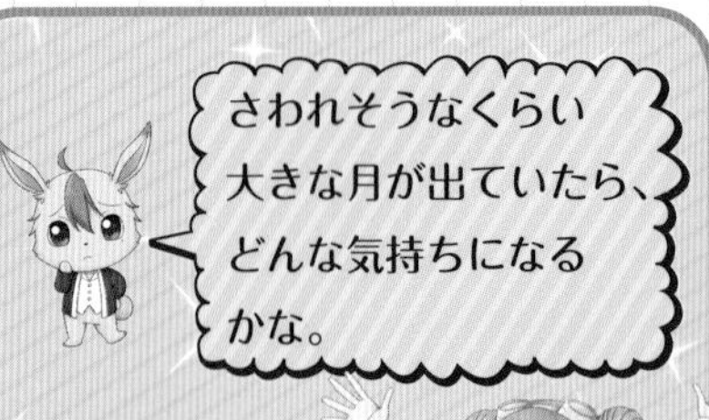

さわれそうなくらい大きな月が出ていたら、どんな気持ちになるかな。
うれしくなってとびはねちゃうかも！

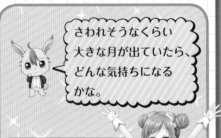

俳句は「5・7・5」の短い言葉で、場面や気持ちを表すものだね。旅行に行ったら感動を俳句にしてみてはどうかな。

練習問題の答え
1 (1)病・礼 (2)院 (3)薬

17 俳句に親しむ

俳句に親しもう。

A 雪とけて村一ぱいの子ども哉

小林一茶

（意味）春になって雪がとけたので、子どもたちがいっせいに外に出て遊んでいるよ。

B 外にも出よ触るるばかりに春の月

中村汀女

（意味）外に出てごらん。さわれそうなくらい大きな月が出ていますよ。

C 荒海や佐渡によこたふ天河

松尾芭蕉

（意味）目の前の荒れた海の、その向こうに見える佐渡島の空に、天の川がかかっている。

「外にも出よ」によって、大きな月におどろいた作者の気持ちがつたわってくるね。

Aの俳句では、子どもたちが楽しそうに元気に遊んでいる様子が目にうかぶようだね。

ふしぎ。「村一ぱい」という言葉で、その様子がわかるね。

「雪とけて」という言葉からは、季節もわかるね！

Let's TRY 練習問題

1 次の文の――線のカタカナにあてはまる漢字を、下のカードを組み合わせて書きましょう。

(1) ビョウ気がなおり、おレイを言う。

(2) たいインの日が決まる。

(3) わすれずにクスリを飲む。

楽
疒
丙
ネ
阝
し
完
艹
病院で使う言葉にも、３年生で習う漢字がけっこうあるね！
そうだね。「待」は「にんべん」じゃなくて「ぎょうにんべん」だよね。「薬」は「楽」とまちがえないでね。
「薬」は「ヤク」と「くすり」のふた通りの読み方があるよ。

身近な漢字のへんやつくりに注意して見てみよう。

練習問題の答え
1 (1) kuruma (2) enpitu[tsu] (3) yûenti[chi] (4) kanransya[sha]

16 身近な漢字③

病院で漢字をおぼえよう。

学校で目のけんさに行くように言われ、病院に来ている2人。病院にも３年生で習う漢字があるかな。
うわ～、大きな病院だね。目のけんさはどこで受けるのかな？あん内図で見てみよう！
そうだね。え～っと、あった！漢字の「待」！この前、学校で習ったよ。
ちょっと、カグヤ～！さがしているのは漢字じゃないでしょ！
お医者さん、いそがしそうだったね。
かんごしさんにお礼を言っている子がいるよ。
薬局はどこかな？
病院では、しずかにしようね。

1 次の言葉をローマ字で書きましょう。

(1) くるま

(2) えんぴつ

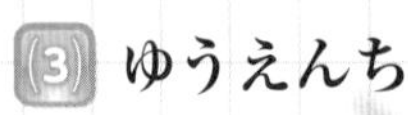

(3) ゆうえんち

(4) かんらんしゃ

あれ？「ん」はどう書くの？
のばす音は？わからないよ～。
セーラ、
まとめたよ！
たいせつ
「ん」は「n」。「本」＝「hon」
「のばす音」は「aiueo」の上に
「^」をつけるよ。
「おにいさん」＝「onîsan」

他に、「しゃ」は「ｓｙａ」，「しゅ」は「ｓｙｕ」，「しょ」は「ｓｙｏ」のように書くよ。つまる音は、次の音のさいしょの文字を重ねて書くよ。たとえば、「コップ」は「プ」の音のさいしょの文字がｐなので、ｐを重ねて「ｋｏｐｐｕ」となるね。

練習問題の答え
1 (1)言 (2)禾 (3)木 (4)糸

15 ローマ字

ローマ字をおぼえよう。

道路ひょうしきには、ローマ字が使われていることに気がついたことはあるかな？
カグヤ、遊園地はまだ～？かんらん車に早く乗りたいのに！
セーラ、あの道路ひょうしきを見てごらん。もうすぐだよ！
青井
Aoi
ア行は「あいうえお」を「a i u e o」と書くよ。
ほんとだ！あれ？行き先がローマ字でも書いてあるね！
カ行は「aiueo」に「k」をつけて、「ka ki ku ke ko」「かきくけこ」だよ。
山中道
Yamanaka
9 青川 10km
Aokawa
8 青川南 18km
Aokawa - minami
31 星形遊園地 7km
Hosigata-yûenti
「a i u e o」にナ行はN／n、マ行はM／m、ヤ行はY／y、ワ行はW／wを左がわにつけるよ。
「a i u e o」にガ行はG／g、ザ行はZ／z、ダ行はD／d、バ行はB／b、パ行はP／pを左がわにつけるよ。

Let's TRY 練習問題

1 次の漢字の左がわに、同じものをつけると、漢字ができます。あとの［　］からえらんで書きましょう。

(1) 寺・炎 ［　］

(2) 少・口 ［　］

(3) 直・目 ［　］

(4) 東・冬 ［　］

言　木　禾　糸

あれ？へんは同じでつくりがちがう漢字ってこと？漢字がバラバラだとわからな～い。
たしかにね！でも、1つずつあてはめて書いてみるとわかるよ。
へんが同じものは、まとめておぼえてもいいね！

練習問題の答え 1イ

14 形のにた漢字③

書道教室のてんらん会で漢字をおぼえよう。

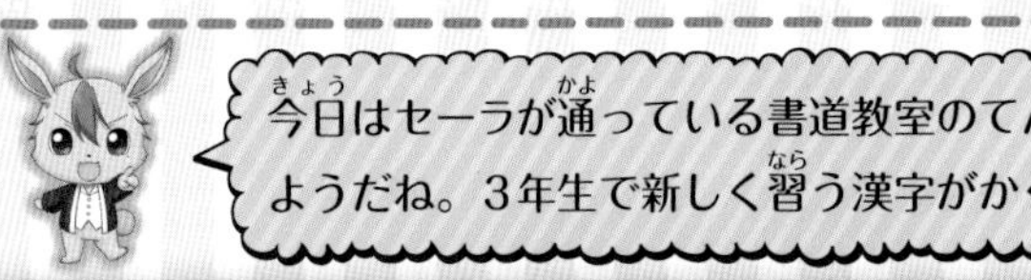

今日はセーラが通っている書道教室のてんらん会があるようだね。3年生で新しく習う漢字がかくれているよ。

セーラ、聞いたよ～。書道教室に行ってるんだって？だから字がきれいになったんだね！

練習、がんばってるんだね～。詩を書いている人もいたよ。

本当？うれしいな。今日は、書道教室のてんらん会があるから、行かない？

行く行く～！

一分一秒

勝負

和の心

決心

開花

旅立ち

落ち葉

幸運

「秒」と「和」にはどちらも「禾」があるよ。「秒」の部首は「のぎへん」だけど、「和」の部首は「口」（くち）だから注意してね。

植物を表す漢字も多いんだね。「植」の部首は「木」（きへん）だよ。

このてんらん会は、いつ終わっちゃうの？「練」は「糸」（いとへん）＋東、「終」は「糸」（いとへん）＋冬だね。

わたしも教室に通っていいか、相談しようかなぁ。「相」と「植」にはどちらも「木」があるよ。「相」の部首は「目」（め）だよ。「談」と「詩」は「言」（ごんべん）が部首の漢字だよ。

いちごがたくさんとれているのは福岡じゃないね。まちがっちゃった…。

うん。よく見ればだいじょうぶだよ、セーラ！

うん、そうだね。ところで、熊本県はいちごもメロンもしゅうかく量が上位に入っているんだね。

熊本行ってみた～い！

Let's TRY 練習問題

1 右の会話文には、しりょうの読みとりをまちがえているところがあります。そのまちがいをア～ウから一つえらびましょう。

ア カグヤがいちごのしゅうかく量一位をまちがえている。
イ セーラがいちごのしゅうかく量一位をまちがえている。
ウ セーラがメロンのしゅうかく量一位をまちがえている。

だれが何のしゅうかく量1位をまちがえているのかな？

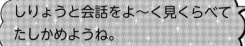

しりょうと会話をよ～く見くらべてたしかめようね。

練習問題の答え 1味・球・決・笛・遊

13 文章の読みとり（会話文）

しりょうをもとにした会話文を読みとろう。

セーラ、このいちごとメロン、おいしいね～。

いちごやメロンってどこでつくられているんだろうね。

まかせて！セーラ。調べて下の表にまとめてきたよ。

すごいね！カグヤ。いちごは福岡県で、メロンは茨城県でたくさんとれているんだね。

ん？そうかな？いちごのしゅうかく量一位は栃木県だよ。

いちごとメロンのしゅうかく量順位

	いちご	メロン
1位	栃木県	茨城県
2位	福岡県	北海道
3位	熊本県	熊本県
4位	静岡県	青森県

（日本国勢図会2019/20）

いちごもメロンもしゅうかく量が上位に入っている県はどこかな？

1 引っこした友だちから「まちがいさがし手紙」がとどきました。まちがえている漢字が五つあります。まちがいをさがして正しい漢字を書きましょう。

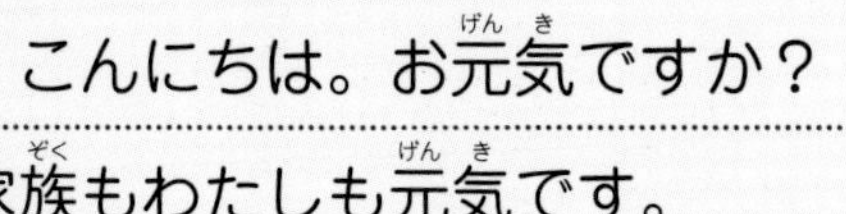

　こんにちは。お元気ですか？
家族もわたしも元気です。
　引っこした市はれきしある古いところで味わいのある町です。
　クラブは、球ぎをやろうと思っています。決まったら教えるね。もちろん二人と練習した口笛もわすれてないよ。また遊ぼうね。
　では、まちがいさがしのけっかを待っています。

全部見つけるからね！
カグヤ、たのんだっ！
たいせつ
線の長さや、点の数など、形をよ～く見てさがしてみようね。

練習問題の答え 1ウ

まちがえやすい漢字②

水族館で漢字をおぼえよう。

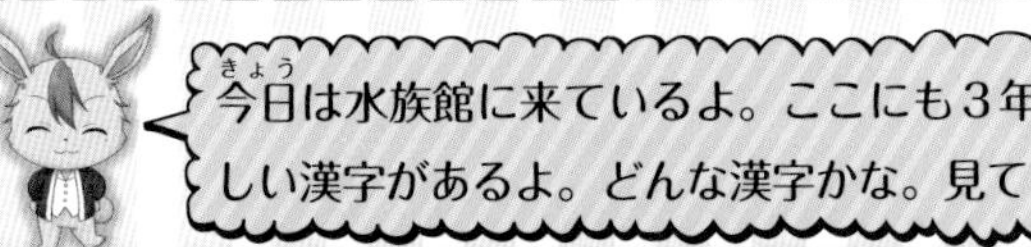

今日は水族館に来ているよ。ここにも3年生で習う新しい漢字があるよ。どんな漢字かな。見ていこう！

アザラシが「ふえ」の合図に、こたえているね。…あれ？「ふえ」は漢字でどう書くんだっけ？

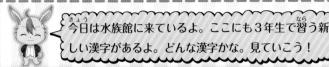

笛が鳴ってアザラシが入って来たよ。「笛」の◯の部分はつき出すよ！

漢字？え〜っと…、たけかんむりに…「田」のような…。

あっ！思い出した！「自由」の「由」だよ！

アシカが頭で球を受けてる〜。かわいいね〜！「球」の◯の点をわすれないでね。

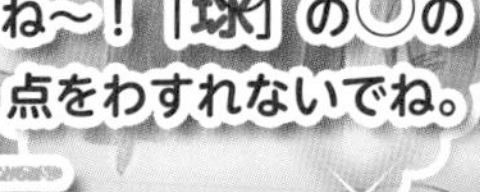

魚たちが楽しく遊んでいるみたいに見えるね。先頭の魚は決まっているのかな。「遊」の◯の部分をわすれないでね。「決」の◯の部分は「冫」じゃないよ。

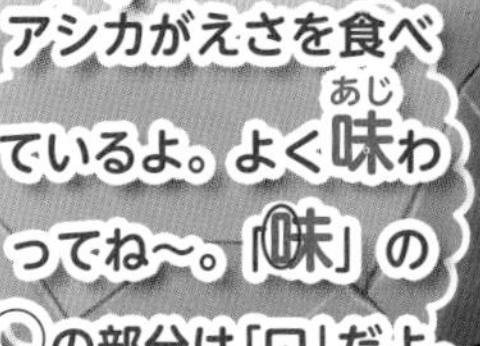

アシカがえさを食べているよ。よく味わってね〜。「味」の◯の部分は「口」だよ。

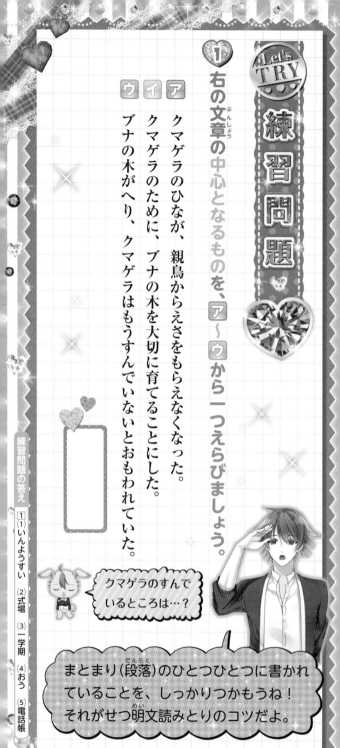

昔は、白神山地をはじめ、東北地方の山やまのブナの林には、クマゲラがたくさんいたのですが、ブナの木が伐採されるようになってからは、もう生息していないとおもわれていたのです。

（鈴木喜代春『白神山地――8000年の〈生命〉をたずねて』より）

どうして、こうおもわれていたのかな。

伐採って何のこと？生息って…？

伐採は、木を切ること。生息は、そこに生きることだよ。ここでは、クマゲラがブナの木にすんでいるということだね。

Let's TRY 練習問題

1 右の文章の中心となるものを、ア～ウから一つえらびましょう。

ア クマゲラのひなが、親鳥からえさをもらえなくなった。
イ クマゲラのために、ブナの木を大切に育てることにした。
ウ ブナの木がへり、クマゲラはもうすんでいないとおもわれていた。

クマゲラのすんでいるところは…？

まとまり（段落）のひとつひとつに書かれていることを、しっかりつかもうね！それがせつ明文読みとりのコツだよ。

練習問題の答え
1 (1)いんようすい (2)式場 (3)一学期 (4)おう (5)電話帳

11 文章の読みとり（せつ明文）

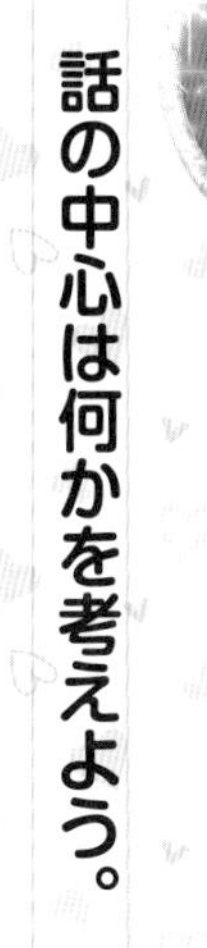

話の中心は何かを考えよう。

クマゲラはキツツキ科の鳥で、その大きさはカラス程度。体の色はまっくろで、頭の上が全部赤いのがオス、後ろだけ赤いのがメスです。くちばしは肌色です。

大木の幹にくちばしで穴をあけ、そのなかにすんでいます。

クィーン、クィーンと、かんだかい声で鳴きます。雪がとけるとブナの木の幹に穴をあけます。そのなかで卵を産み、ひなを育てるのです。

親鳥が、えさを飲みこんでもって帰ると、ひなたちは口を大きく開けてまっています。親鳥は、飲みこんだえさをはきだして、ひなたちに食べさせてやります。

クマゲラという鳥のことをくわしく書いているね。

カグヤ、クマゲラって知ってる？オスとメスで、頭の上の赤い部分がちがうのよ。

へ～、セーラよく知ってるね。親鳥を待っているひなたちは、きっとかわいいんだろうな～。

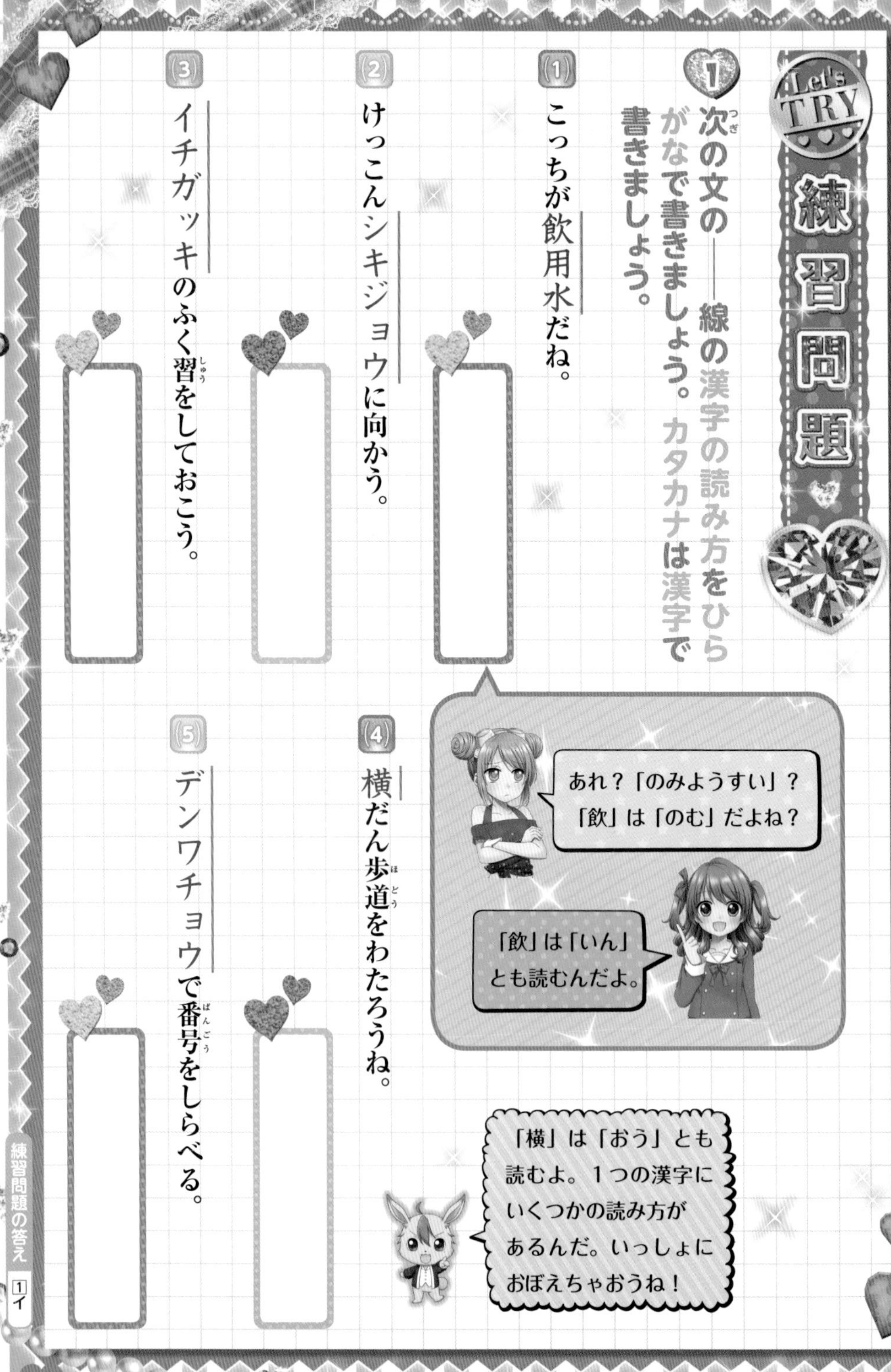

Let's TRY 練習問題

1 次の文の——線の漢字の読み方をひらがなで書きましょう。カタカナは漢字で書きましょう。

(1) こっちが飲用水だね。

(2) けっこんシキジョウに向かう。

(3) イチガッキのふく習をしておこう。

あれ？「のみようすい」？
「飲」は「のむ」だよね？
「飲」は「いん」とも読むんだよ。

(4) 横だん歩道をわたろうね。

(5) デンワチョウで番号をしらべる。

「横」は「おう」とも読むよ。１つの漢字にいくつかの読み方があるんだ。いっしょにおぼえちゃおうね！

練習問題の答え 1イ

10 身近な漢字②

始業式の日に使われる言葉で、３年生で習う漢字を見ていこう！
始業式で漢字をおぼえよう。
セーラ、もうすぐ始業式が始まるよ。ねえ、聞いてる～？
ごめんごめん、となりのクラスの友だちと話してたよ。
もう、横を向いてると先生におこられるよ！
校長先生のお話だよ。「みなさん、今日から２学期が始まりました。」
横を向いておしゃべりしてちゃだめ。
あれ？夏休みの日記帳を家にわすれてきちゃったかも。
始業式で、つめたいものを飲みすぎないように注意があったね。

（……な、なんと、あの子たちは。）
松井さんの大きくなった目は、糸のようにほそくなりました。ふきだしそうなのをやっとこらえて、自分の口を、しっかりおさえました。

（あまんきみこ『春のお客さん』より）

松井さんの様子から気持ちを読みとろう！大きくなった目がほそくなって、ふきだしそうなのは、おかしくてわらってしまいそうなんだね。

1 これはどのような場面ですか。ア～ウから一つえらびましょう。

ア 男の子たちが松井さんにおこられる場面。
イ 男の子たちがたぬきの子だとわかった場面。
ウ 男の子たちがお母さんをさがしている場面。

松井さんが「口をあんぐりあけ」たのはなぜかな？
男の子たちは、実は○○○だったのね！

物語の読みとりは、場面や登場人物の気持ちをそうぞうすることが大切だよ。登場人物の様子に注目しよう。

練習問題の答え
1 (1)殳 (2)辶 (3)灬 (4)宀

場面をとらえよう。

> 松井さんはタクシーの運転手です。ある日、顔がそっくりな五人の小さな男の子を乗せたのですが、男の子たちは実は…？

「ああ、びっくりした。たぬきのしっぽかとおもったよ。まさかね。」

そのときです。今度は、五人のズボンから、こげ茶のものが、いっせいにふわふわっとでてきました。

（ひゃあ。）

松井さんは、口をあんぐりあけました。五本のこげ茶のものが、うたのリズムにのって、右、左、右、左、と、ぜんぶおなじ方向にゆれだしました。

「あんぐり」は、おどろいて口を大きくあけることだよ。

五人のズボンからでてきたものは、何だろうね。
こげ茶でふわふわ…。おどろいちゃうね。

Let's TRY 練習問題

1 ひらめきクイズです。次の漢字の部分の上やとなりには、同じものがあてはまります。あとの□からえらんで書きましょう。

(1) 扌・彳 □

(2) 𠂤・反 □

(3) 寺・弟 □

(4) 女・夫 □

竹　辶　殳　宀

え～わからないよ…。漢字むずかしいなぁ。カグヤ、助けて！
えーと、じゃあ、ためしに組み合わせてみる？(2)とたけかんむり、ないよね～。じゃ、べつの組み合わせは？
すぐにわからないときは、ひとつずつためしてみようね。

練習問題の答え
1 (1)その・あの (2)どの・これ

校庭で遊んでいるセーラとカグヤ。ここにも3年生で習う新しい漢字がたくさんあるよ！

8 形のにた漢字②

校庭で漢字をおぼえよう。

あっ、鉄ぼうやろう！カグヤ、さか上がりできる？
実は、鉄ぼう苦手なんだ～。テニスはどう？
いいよ～。ここにあるボール、そっちに投げるね！
ボールを投げる役はセーラね。「投」と「役」のつくりは同じだね。
鉄ぼうは安全第一だよ！実は鉄ぼうってむずかしいよね。「安」と「実」はどちらも、うかんむりがあるね。
テニスのボールって全部等しい大きさなんだね。「等」と「第」はたけかんむりが同じだよ。
投げたボールがはね返ってきたよ。
ボールが車道に出てしまったら、追いかけないでね。「返」と「追」は部首が同じだよ。

1 次（つぎ）の絵を見て（　）にあてはまるこそあど言葉の正しいほうに○をつけましょう。

(1) セーラ、（その・どの）本を（あの・この）本だなに入れてくれる？

(2) 本だなに入れるのは（どの・どれ）本？
ああ、（これ・あれ）ね。

この本とあの本、カグヤはどっちがすき？

セーラ、こそあど言葉をうまく使っているね。わたしは、こっちがすき。

練習問題の答え
1 (1)①ク ②エ ③オ (2)キ

7
こそあど言葉
駅前でこそあど言葉を使ってみよう。
今日は４人で待ち合わせだって？あれ？まだセーラとカグヤしか来ていないみたいだけど…。
ねえ、セーラ、リサとヒナが来るまで「こそあど言葉」で遊ぼうよ。
こそあど言葉？何それ？どうやって遊ぶの？
「これ」や「それ」みたいな、何かを指ししめす言葉のことよ。できるだけ使って話をしてみようよ。
たいせつ
あそこのお店は、パンケーキがおいしいんだって。
Cafe
あ、来た来た、わたしたちはここにいるよ～。
この自転車、じゃまになっているね。自転車おき場はどこかな。
日がさをさしているあの人は、待ち合わせかな。

Let's TRY 練習問題

1 次の文の――線のカタカナにあてはまる漢字を、あとの□のア～クから一つずつえらびましょう。

(1) 牧場で、むれからにげた①ヒツジを追いかけていたら、②イキが切れてしまったよ。でも、ひと仕事したあとに飲んだ③コオリ水はとてもおいしかったなあ。

① □ ② □ ③ □

(2) 兄はわたしよりシン長が高い。□

ア	イ	ウ	エ
氷	身	半	息
オ	カ	キ	ク
氷	息	身	羊

「ひつじ」のたて線をつき出しちゃった。

よくあるまちがいだね。ほかにも、たて線、横線の数に注意して書こう。

つき出さないところや、点の場所や線の数に注意しておぼえようね。

練習問題の答え
1 (1)ア・ウ (2)ア・ウ (3)ア (4)ア

6 まちがえやすい漢字①

図書室のつくえに3年生で習う漢字カードがあるよ。カードの漢字はどこかまちがっているよ。まちがいをさがしてみよう！
図書室で漢字をおぼえよう。
うーん、どれも正しく見える…。カグヤ、どう？
「寒」は…これでいいんだっけ？点の数がちがうのかな？
カグヤ、正かい！点が1つ多いね。
・「羊」のたて線はつき出さないよ。
・「身」の◯の中の横線は2本だよ。
・「氷」の点は左がわだよ。
・「登」の点は◯の中に2つあるよ。
身
橋
羊
水
登
寒
乗
悲
息
・「寒」の◯の点は2つだよ。
・「乗」の横線は3本、「亖」だよ！
・「橋」の◯は「禾」じゃないよ。
・「悲」の上は「非」だよ。
「息」の上の部分は「自」だよ。

Let's TRY 練習問題

1 (1)、(2)は文の主語とじゅつ語をア～ウからえらびましょう。(3)、(4)は＝＝線をくわしく表している言葉をア・イからえらびましょう。

(1) ア先生が　イドーナツを　ウ買った。

主語 [　　]
じゅつ語 [　　]

(2) アわたしは　イドーナツを　ウ食べた。

主語 [　　]
じゅつ語 [　　]

(3) アおしゃれな　お店へ　イ行った。

[　　]

(4) アおいしい　ジュースを　イ飲んだ。

[　　]

セーラに問題(もんだい)です！(　)に入る言葉はな～んだ。「へ」か「が」を入れてみてね。
子ども(　)ドーナツ屋さん(　)走る。
はじめの(　)は「が」、次(つぎ)の(　)は「へ」じゃないかな。
正かい！

練習問題の答え
1 (1)にもつ　(2)自動　(3)商品　(4)かい　(5)動(く)

5 主語・じゅつ語・くわしく表す言葉

人気のドーナツ屋さんができたね。どんなドーナツ屋さんなのかな。行ってみよう！

ドーナツ屋さんで主語・じゅつ語・くわしく表す言葉をおぼえよう。
カグヤ、お店の人がドーナツをならべるよ～！
たいせつ
あっ！今の文は「…が」の「人が」が主語で、「どうする」の「ならべるよ」がじゅつ語だよ。
わかったから、早くえらぼう！
女子はあまいものに目がないネ…。
「お母さんがドーナツを買いました。」
主語は「お母さんが」だよ。
じゅつ語は、「お母さんが」「どうする」のかだから「買いました」だね。
くわしく表す言葉には「何を」「どんな」があるよ。
「何を」買ったのかを考えると、くわしく表す言葉は「ドーナツを」だとわかるね。

Let's TRY 練習問題

1 次(つぎ)の文の——線の漢字の読み方をひらがなで書きましょう。カタカナは漢字で書きましょう。

(1) みんな大きな荷物をかかえているね。

(2) ちゅう車場はジドウ車でいっぱいだね。

(3) いろんなショウヒンがあるから、まよっちゃうね。

(4) 広い階だん！　上にはカフェがあるみたいだよ。

(5) ウゴく歩道って、ら～くちん。

あれ？「ウゴ」なんて漢字、習ってないよ～。
「動」は「うご-く」とも読むんだよ。「く」は送(おく)りがなだよ。
おぼえて！
ほかに「品」は「しな」、「物」は「ブツ」「もの」、「動」は「うご-かす」とも読むぞ。

練習問題の答え
1 (1)ウ→ア→エ→イ→オ　(2)オ→イ→ア→エ→ウ

4
身近な漢字①
新しいショッピングセンターができたね。3年生で新しく習(なら)う漢字がかくれているよ。行ってみよう！
ショッピングセンターで漢字(かんじ)をおぼえよう。
新しいお店って、わくわくするね！お客(きゃく)さんでいっぱいだね。
そうだね！ところで、セーラが今いった「きゃく」は3年生で習う漢字なんだよ。
え?! そうなの?!
かわいい商品(しょうひん)がならんでいるね。
広い階(かい)だんがあるね。
自動車(じどうしゃ)がたくさんとまっているね。
お店に行列(ぎょうれつ)ができているよ。
お客さんがいろいろな荷物(にもつ)を持(も)っているね。

1 次のア～オの言葉カードを、国語辞典に出てくるじゅんにならべましょう。

(1)
ア せみ
イ はなび
ウ すいか
エ なつ
オ ぼうし
(2)
ア ぱっと
イ たんす
ウ ぱっと
エ バット
オ たたみ
「は」と「ぱ」と「バ」！どんなじゅん番だったっけ～？
「は→バ→ぱ」だよ！
1文字目が同じときは、2文字目を調べるんだよ!

練習問題の答え 1 (1)具 (2)坂 (3)柱 (4)暑

3 国語辞典の使い方

国語辞典の使い方をおぼえよう。

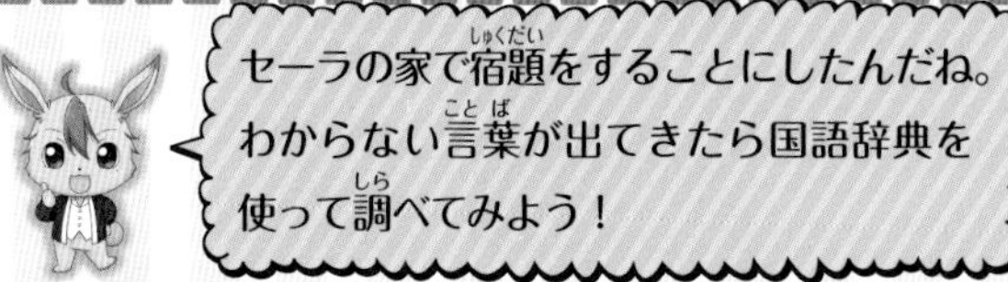

セーラの家で宿題をすることにしたんだね。
わからない言葉が出てきたら国語辞典を
使って調べてみよう！

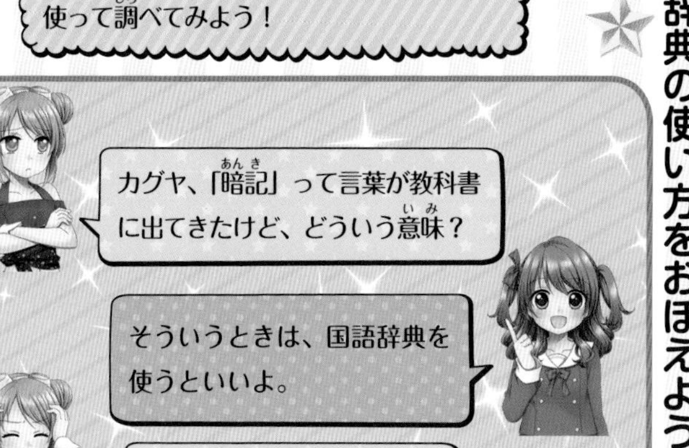

カグヤ、「暗記」って言葉が教科書に出てきたけど、どういう意味？
そういうときは、国語辞典を使うといいよ。
すごくあつい本だわ。どうやって調べるの～？？
「暗記」は「あ」から始まるから、いちばんはじめの「あ」のページを見て～！

たいせつ

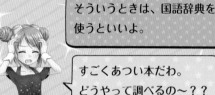

1 「あいうえお」のじゅん（五十音じゅん）にならんでいるよ。
一文字目からじゅんに、五十音じゅんでさがそう。

2 「が」のように、「゛」のつく音は、「か」のような「゛」のつかない音の次に出ているよ。 れい「こま→ごま」

3 「ぱ」のように、「゜」のつく音は、「゛」のつく音の次に出ているよ。
れい「びん→ピン」

※「ボール」の「ー」は「あいうえお」におきかえよう。「ぼおる」となるね。

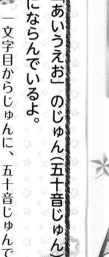

Let's TRY 練習問題

1 次の文の——線のカタカナはどちらの漢字を使いますか。〔　〕から正しいほうをえらんで書きましょう。

(1) いすを作るための道グ〔具・貝〕をそろえる。

(2) 下りザカ〔坂・板〕は気をつけるんだよ。

(3) 家のハシラ〔注・柱〕におでこをぶつける。

(4) アツ〔者・暑〕い日はアイスがおいしいね。

「具」と「貝」はどこがちがうの？
「具」は「貝」より横線が1本多いわね。
形がにている漢字や、つくりが同じでへんがちがう漢字の、ちがいに注意しておぼえようね！

練習問題の答え
1 (1)氵・さんずい・ア・カ (2)攵・ぼくにょう（のぶん）・オ・ク (3)木・きへん・イ・エ (4)イ・にんべん・ウ・キ

2 形のにた漢字①

今日はキャンプの日だね。3年生で新しく習う漢字がかくれているよ。レッツゴー！

キャンプ場で漢字をおぼえよう。

カグヤ、キャンプ、楽しみだね～。

そうだね、セーラ。今日みたいな暑い日は川遊びもできるしね！！

川に入るときは注意しないと…。坂道も転ばないでよ！

暑い日は水分をとろう。お医者さんも言ってたよ。「暑」は「者」の上に「日」だよ。

板の橋をわたって坂をのぼればキャンプ場だよ。板と坂は「きへん」と「つちへん」のちがいがあるね。

川に入るときは注意してね。「注」は「さんずい」に「主」、「柱」は「きへん」に「主」だね。

バーベキューの道具は持ってきた？「具」と「貝」ってにているよ。「具」には横線が入っているね。

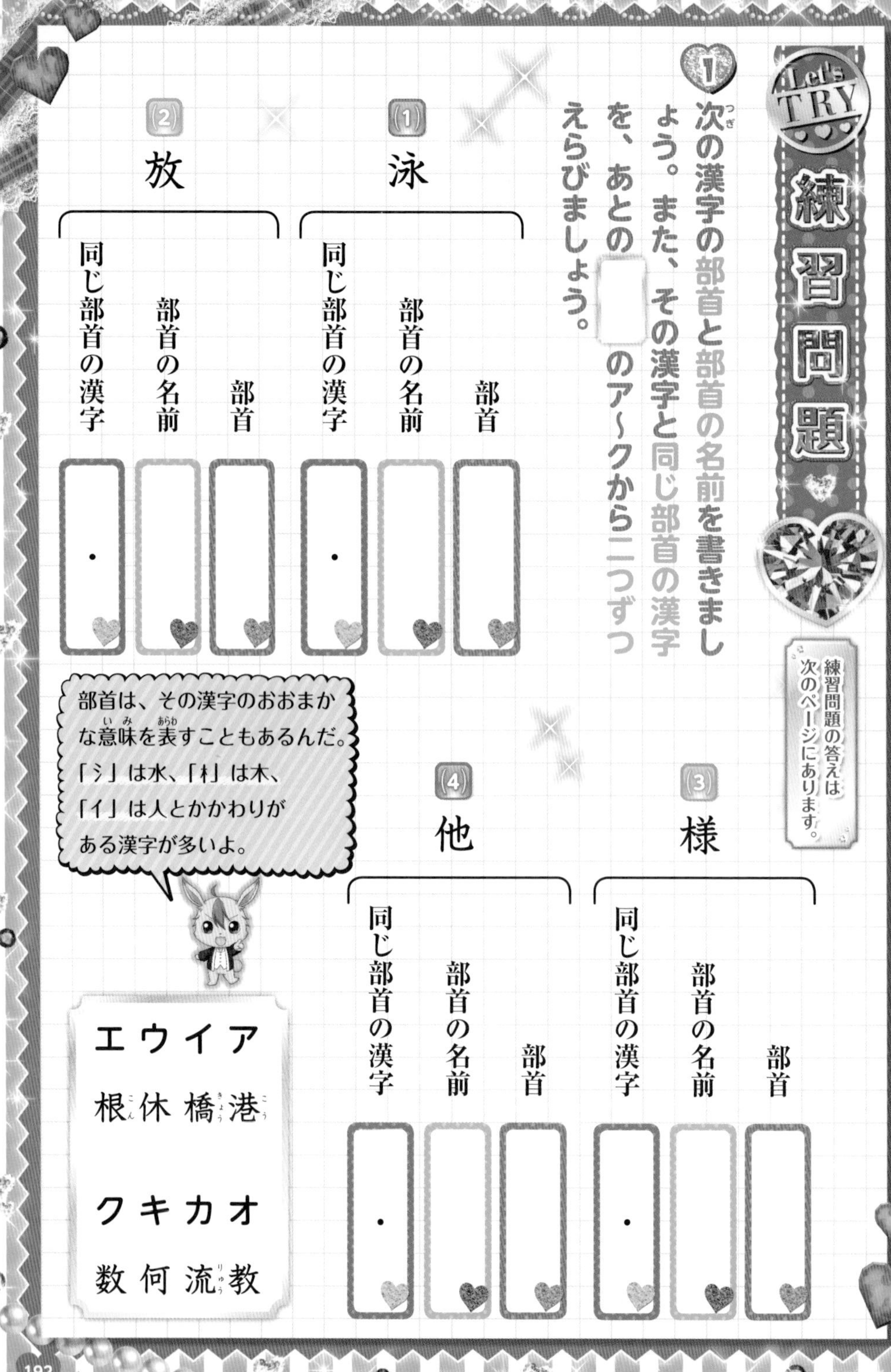

Let's TRY 練習問題

練習問題の答えは次のページにあります。

1 次の漢字の部首と部首の名前を書きましょう。また、その漢字と同じ部首の漢字を、あとの［　］のア～クから二つずつえらびましょう。

(1) 泳

部首［　］
部首の名前［　］
同じ部首の漢字［　・　］

(2) 放

部首［　］
部首の名前［　］
同じ部首の漢字［　・　］

(3) 様

部首［　］
部首の名前［　］
同じ部首の漢字［　・　］

(4) 他

部首［　］
部首の名前［　］
同じ部首の漢字［　・　］

部首は、その漢字のおおまかな意味を表すこともあるんだ。「氵」は水、「木」は木、「亻」は人とかかわりがある漢字が多いよ。

ア 港　イ 橋　ウ 休　エ 根

オ 教　カ 流　キ 何　ク 数

1 漢字の部首（へんとつくり）

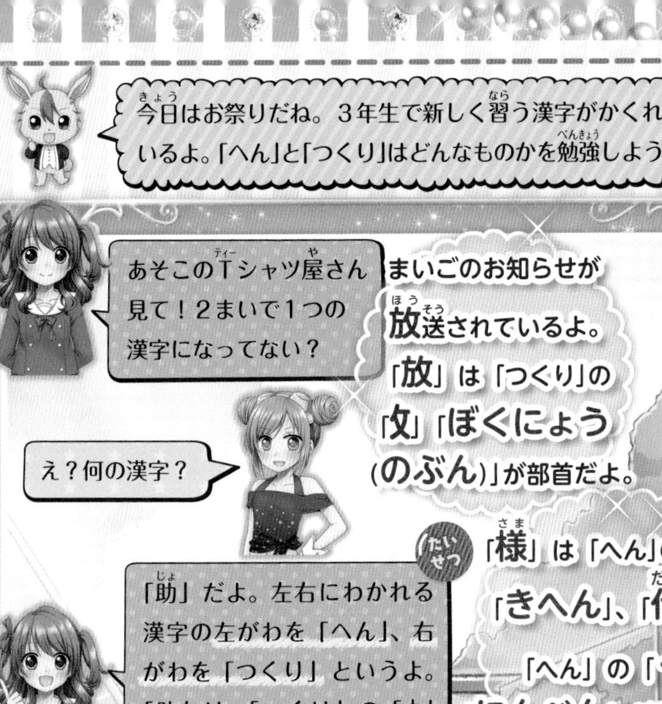

今日はお祭りだね。３年生で新しく習う漢字がかくれているよ。「へん」と「つくり」はどんなものかを勉強しよう！

お祭りで漢字をおぼえよう。

あそこのTシャツ屋さん見て！２まいで１つの漢字になってない？

え？何の漢字？

まいごのお知らせが放送されているよ。「放」は「つくり」の「攵」「ぼくにょう（のぶん）」が部首だよ。

たいせつ

「助」だよ。左右にわかれる漢字の左がわを「へん」、右がわを「つくり」というよ。「助」は、「つくり」の「力」が「部首」だよ。

「様」は「へん」の「木」「きへん」、「代」は「へん」の「亻」「にんべん」が部首だよ。

お客様へ
代金は先に
おしはらい
ください。

且　力

Tシャツができたよ！

他の人にぶつからないようにね。「他」は「へん」の「亻」「にんべん」が部首だね。

金魚が泳いでいるよ。「泳」は「へん」の「氵」「さんずい」が部首だよ。

5
時間目
国語
Japanese
楽しく
やろうね!!

チェックテストの答えと解説

これで3年生の
おうちスタディは
バッチリね！

英語

1 (1) ○　(2) ×
(3) ×　(4) ○

2 (1) ×　(2) ○
(3) ×　(4) ○

3 イ→オ→ウ→エ→ア

4 (1) ウ　(2) ア
(3) エ　(4) イ

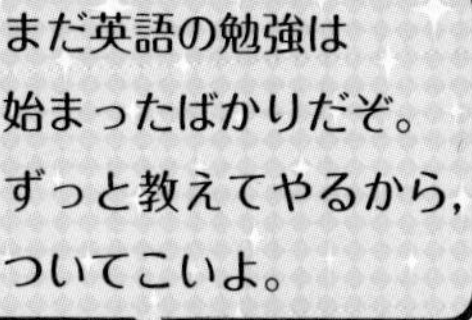

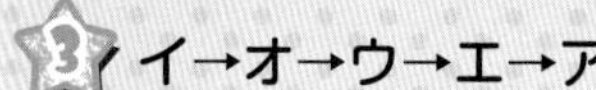

まだ英語の勉強は
始まったばかりだぞ。

ついてこいよ。

かいせつ

3 eye「目」→nose「鼻」→shoulder「かた」
→knee「ひざ」→toe「つま先」

算数

1 (1) 706　(2) 202　(3) 620
(4) 4248　(5) 9　(6) 3.2

2 (1) 82040000　(2) 15　(3) 3

3 8　4 $\frac{5}{8}$　5 30

6 (1) 1, 250　(2) 1080

7 ① 10　② 5　③ 99

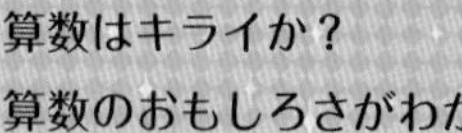

算数はキライか？
算数のおもしろさがわかるまで，いっしょに勉強しようか。

かいせつ

3 62÷8＝7あまり6　あまりを読む日がいるので，7＋1＝8(日)

6 (1) 1000m＝1kmだから，1250m＝1km250m

7 ③ 合計をたして，31＋26＋27＋15＝99

理科

1 エ　　2 たまご→ウ→ア→イ

3 むね

4 イ

5 実　　6 ア

7 引き合う

理科っておもしろいだろ。
これからも理科の楽しさ
を教えてやるからな。

かいせつ

2 モンシロチョウは，たまご→よう虫→さなぎ→せい虫のじゅんに育ちます。

3 バッタは，むねに６本のあしがあります。

6 明るい部分が小さいほど，明るくなります。

7 じしゃくはちがうきょくどうしを近づけると引き合い，同じきょくどうしを近づけるとしりぞけ合います。

社会

1 ⑴ウ　⑵ア

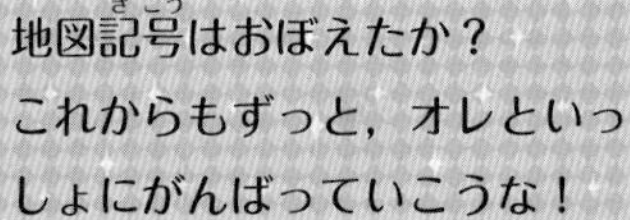

地図記号はおぼえたか？
これからもずっと，オレといっ
しょにがんばっていこうな！

2 119　3 パトロール

4 ⑴西　⑵①ゆうびん局　②神社

5 イ

かいせつ

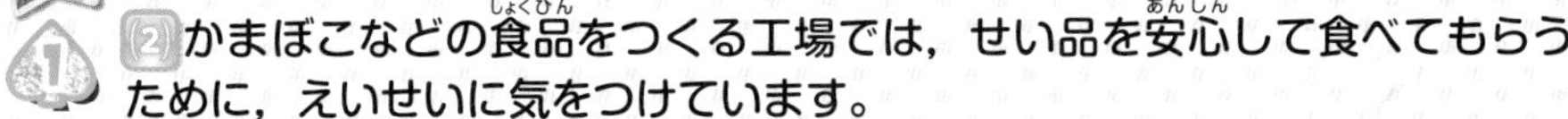

1 ⑵かまぼこなどの食品をつくる工場では，せい品を安心して食べてもらうために，えいせいに気をつけています。

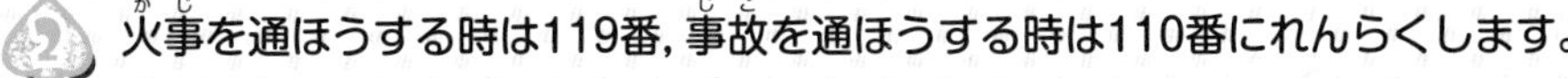

2 火事を通ほうする時は119番，事故を通ほうする時は110番にれんらくします。

4 ⑴市役所は◎の地図記号，病院は⊕の地図記号です。

5 せんたく板とたらいは，せんたくをするための道具です。

国語

1
(1) 坂・道具　(2) 暑　(3) 商品・自動車
(4) 荷物・階　(5) 口笛　(6) 遊・決
(7) 練習　(8) 相談

2
(1) その・あの　(2) この・どこ　(3) これ・あれ

3
(1) 主語 ア・じゅつ語 ウ
(2) 主語 イ・じゅつ語 ウ
(3) 主語 ア・じゅつ語 ウ
(4) 主語 イ・じゅつ語 ウ

主語とじゅつ語はわかったかな？ 4年生になってもぼくといっしょに国語を勉強しようね。

かい せつ

1 (5) 笛の「由」を「田」にしてはいけません。

3 主語は，いつも文の先頭にあるわけではありません。

★**編集協力**　Editors
有限会社マイプラン

★**カバーデザイン**　Cover Design
★**チェックシートデザイン**　Checksheet Design
★**シールデザイン**　Sticker Design
ムシカゴグラフィクス

★**本文デザイン**　Editorial Design
株式会社エストール

★**イラスト制作**　Illustration Production
株式会社サイドランチ

★**カバーイラスト**　Cover Illustration
林檎ゆゆ

★**本文イラスト**　Illustrations
【女性キャラクター】林檎ゆゆ
【男性キャラクター】ふむふむ

梢、焼きそば子、床田、田嶋陸斗、
柳和孝、林檎ゆゆ、ハンダアキラ、
WATAKA、七夜

★**イラスト協力**　Illustration Cooperation
日本アニメ・マンガ専門学校
つくばビジネスカレッジ専門学校

★**編集担当**　Editor
藤明隆
野崎博和

本書の内容は、小社より2020年2月に刊行された「新学習指導要領対応版 キラキラ☆おうちスタディブック 小3（ISBN：978-4-8132-8790-2）」と同一です。

キラキラ☆おうちスタディブック 小3 新装版

2024年4月1日　新装版　第1刷発行

編　著　者　TAC出版編集部
発　行　者　多　田　敏　男
発　行　所　TAC株式会社　出版事業部
（TAC出版）

〒101-8383 東京都千代田区神田三崎町3-2-18
電話　03（5276）9492（営業）
FAX　03（5276）9674
https://shuppan.tac-school.co.jp

組　　版　株式会社エストール
印　　刷　株式会社　光邦
製　　本　株式会社　常川製本

ISBN978-4-300-11100-0
N.D.C.376